N2

일본어
능력시험
파이널
테스트

도리이 마이코
이영아, 박성길 공저

JLPT
FINAL
TEST

다락원

JLPT
FINAL TEST N2

지은이 도리이 마이코, 이영아, 박성길
펴낸이 정규도
펴낸곳 (주)다락원

초판 1쇄 발행 2022년 4월 26일
초판 2쇄 발행 2024년 10월 31일

책임편집 송화록, 손명숙
디자인 장미연, 정규옥

🏚**다락원** 경기도 파주시 문발로 211
내용문의: (02)736-2031 내선 460~465
구입문의: (02)736-2031 내선 250~252
Fax: (02)732-2037
출판등록 1977년 9월 16일 제406-2008-000007호

값 16,000원
ISBN 978-89-277-1256-5 14730
        978-89-277-1254-1 (세트)

http://www.darakwon.co.kr

- 다락원 홈페이지를 방문하면 상세한 출판 정보와 함께 동영상강좌, MP3 자료 등 다양한 어학 정보를 얻을 수 있습니다.
- 다락원 홈페이지 또는 표지의 QR코드를 스캔하면 MP3 파일 및 관련 자료를 다운로드 할 수 있습니다.

머리말

JLPT 일본어능력시험은 국제교류기금 및 일본국제교육지원협회가 일본 국내 및 해외에서 일본어를 모국어로 하지 않는 사람을 대상으로 일본어 능력을 측정하고 인정함을 목적으로 하는 시험이며 일본 정부가 공인하는 세계 유일의 일본어 시험입니다.

1984년부터 매년 12월에 시험이 시행되었고 2009년부터 1년에 2회, 즉 7월과 12월에 실시되고 있습니다. 또한 2010년부터 학습자들의 과제 수행을 위한 커뮤니케이션 능력을 측정하는 것을 목표로 새로운 유형으로 바뀌면서 기존 1급에서 4급까지이던 것이 N1부터 N5까지 더 세분화되었습니다.

본서는 과거 기출문제를 분석하여 사회 전반에 걸친 내용을 토대로 출제 가능성이 높은 형태들의 문제로 구성하였습니다. 실제 시험과 동일한 구성으로 모의고사 5회분을 수록하여 실전 감각을 바로 익히고 그를 통한 문제 유형 파악과 어휘력 확장이 가능하도록 하였습니다. 최근에는 일부 유형에서 문항 수가 다소 조정되어 출제되고 있는 만큼 이를 반영하여 수록하였습니다.

각 분야 별로 기본서로 학습을 하신 후에 본서를 통해 다양한 형태의 문제를 다루어 보고 실력을 키워 나간다면 합격은 물론 고득점이라는 소기의 목적을 달성할 수 있을 것이며, 또한 JLPT를 응시하지 않는 일본어 학습자도 자신의 약점과 실력 점검, 향후 목표 설정 등에 있어 많은 도움이 되리라 확신합니다.

끝으로 이 책의 출판에 도움을 주신 ㈜다락원의 정규도 사장님과 일본어출판부 직원 여러분에게 이 자리를 빌려 감사의 말씀을 드립니다.

저자 일동

JLPT(일본어능력시험)에 대하여

1 JLPT의 레벨

N1, N2, N3, N4, N5로 나뉘어져 있으며 수험자가 자신에게 맞는 레벨을 선택한다. 각 레벨에 따라 N1~N2는 언어지식(문자·어휘·문법)·독해, 청해의 두 섹션으로, N3~N5는 언어지식(문자·어휘), 언어지식(문법)·독해, 청해의 세 섹션으로 나뉘어져 있다.

시험 과목과 시험 시간 및 인정기준은 다음과 같으며, 인정기준을 「읽기」, 「듣기」의 언어 행동으로 나타낸다. 각 레벨에는 이들 언어 행동을 실현하기 위한 언어지식이 필요하다.

레벨	과목별 시간		인정기준
	유형별	시간	
N1	언어지식(문자·어휘·문법) 독해	110분	**폭넓은 장면에서 사용되는 일본어를 이해할 수 있다.** 【읽기】 신문의 논설, 논평 등 논리적으로 약간 복잡한 문장이나 추상도가 높은 문장 등을 읽고, 문장의 구성과 내용을 이해할 수 있으며, 다양한 화제의 글을 읽고 이야기의 흐름이나 상세한 표현의도를 이해할 수 있다.
	청해	65분	
	계	175분	【듣기】 자연스러운 속도로 체계적 내용의 회화나 뉴스, 강의를 듣고, 내용의 흐름 및 등장 인물의 관계나 내용의 논리구성 등을 상세히 이해하거나 요지를 파악할 수 있다.
N2	언어지식(문자·어휘·문법) 독해	105분	**일상적인 장면에서 사용되는 일본어의 이해에 더해, 보다 폭넓은 장면에서 사용되는 일본어를 어느 정도 이해할 수 있다.** 【읽기】 신문이나 잡지의 기사나 해설, 평이한 평론 등, 논지가 명쾌한 문장을 읽고 문장의 내용을 이해할 수 있으며, 일반적인 화제에 관한 글을 읽고 이야기의 흐름이나 표현의도를 이해할 수 있다.
	청해	50분	
	계	155분	【듣기】 자연스러운 속도로 체계적 내용의 회화나 뉴스를 듣고, 내용의 흐름 및 등장인물의 관계를 이해하거나 요지를 파악할 수 있다.
N3	언어지식(문자·어휘)	30분	**일상적인 장면에서 사용되는 일본어를 어느 정도 이해할 수 있다.** 【읽기】 일상적인 화제에 구체적인 내용을 나타내는 문장을 읽고 이해할 수 있으며, 신문기사 제목 등에서 정보의 개요를 파악할 수 있다. 일상적인 장면에서 난이도가 약간 높은 문장은 대체 표현이 주어지면 요지를 이해할 수 있다.
	언어지식(문법)·독해	70분	
	청해	45분	
	계	145분	【듣기】 자연스러운 속도로 체계적 내용의 회화를 듣고, 이야기의 구체적인 내용을 등장인물의 관계 등과 함께 거의 이해할 수 있다.
N4	언어지식(문자·어휘)	25분	**기본적인 일본어를 이해할 수 있다.**
	언어지식(문법)·독해	55분	【읽기】 기본적인 어휘나 한자로 쓰여진, 일상생활에서 흔하게 일어나는 화제의 문장을 읽고 이해할 수 있다.
	청해	40분	【듣기】 일상적인 장면에서 다소 느린 속도의 회화라면 내용을 거의 이해할 수 있다.
	계	120분	
N5	언어지식(문자·어휘)	20분	**기본적인 일본어를 어느 정도 이해할 수 있다.**
	언어지식(문법)·독해	30분	【읽기】 히라가나나 가타카나, 일상생활에서 사용되는 기본적인 한자로 쓰여진 정형화된 어구나 문장을 읽고 이해할 수 있다.
	청해	35분	【듣기】 일상생활에서 자주 접하는 장면에서 느리고 짧은 회화라면 필요한 정보를 얻어낼 수 있다.
	계	85분	

※N3 ~ N5 의 경우, 1교시에 언어지식(문자·어휘)과 언어지식(문법)·독해가 이어서 실시된다.

2 시험 결과의 표시

레벨	득점 구분	득점 범위
N1	언어지식(문자·어휘·문법)	0 ~ 60
	독해	0 ~ 60
	청해	0 ~ 60
	종합득점	0 ~ 180
N2	언어지식(문자·어휘·문법)	0 ~ 60
	독해	0 ~ 60
	청해	0 ~ 60
	종합득점	0 ~ 180
N3	언어지식(문자·어휘·문법)	0 ~ 60
	독해	0 ~ 60
	청해	0 ~ 60
	종합득점	0 ~ 180
N4	언어지식(문자·어휘·문법)·독해	0 ~ 120
	청해	0 ~ 60
	종합득점	0 ~ 180
N5	언어지식(문자·어휘·문법)·독해	0 ~ 120
	청해	0 ~ 60
	종합득점	0 ~ 180

※ 일본어능력시험은 매회 시험의 난이도를 관리하고, 새로운 유형의 문제를 평가하기 위해 득점에 가산되지 않는 문제를 포함할 수 있다.

3 시험 결과 통지의 예

다음 예와 같이 ① '득점 구분 별 득점'과 득점 구분 별 득점을 합계한 ② '종합득점', 앞으로의 일본어 학습을 위한 ③ '참고 정보'를 통지한다. ③ '참고 정보'는 합격/불합격 판정 대상이 아니다.

*예 : N3을 수험한 Y씨의 '합격/불합격 통지서'의 일부 성적 정보 (실제 서식은 변경될 수 있다.)

① 득점 구분 별 득점			② 종합득점
언어지식 (문자·어휘·문법)	독해	청해	
50 / 60	30 / 60	40 / 60	120 / 180

③ 참고 정보	
문자·어휘	문법
A	C

A 매우 잘했음 (정답률 67% 이상)
B 잘했음 (정답률 34%이상 67% 미만)
C 그다지 잘하지 못했음 (정답률 34% 미만)

이 책의 구성과 특징

이 책은 2010년부터 시행된 JLPT(일본어능력시험) N2에 대비하기 위한 파이널 테스트 문제집입니다. 출제 경향 및 문제 유형을 철저히 분석하여 문제에 반영하였고, 학습자가 JLPT 시험을 앞두고 실제 시험과 같은 형태로 구성한 문제를 직접 풀어 보며 시험에 익숙해질 수 있도록 하였습니다.

본책은 〈파이널 테스트 5회분〉과 〈채점표〉, 〈정답 및 청해 스크립트〉, 〈해답 용지〉로 이루어져 있으며, 다락원 홈페이지에서 〈청해 음성(MP3) 파일〉과 〈해설집(PDF) 파일〉을 제공합니다.

파이널 테스트

실제 시험과 같은 형태의 문제를 총 5회분 실었습니다.
실제 시험과 똑같이 구성하여 문제 푸는 요령을 익히는 데에 도움이 됩니다.

채점표

문제를 풀어보고 자신의 예상 점수를 확인할 수 있게끔 임의적으로 만든 채점표를 실었습니다.

※ 실제 시험은 상대 평가 방식이므로 오차가 발생할 수 있습니다.

정답과 청해 문제의
스크립트를 정리하였습니다.

해답 용지

정답을 기입하는 해답 용지입니다.
실제 시험을 보듯 이를 활용하여 미리 해답 기재 요령을
익힐 수 있습니다.

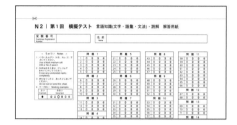

학습 도우미 온라인 무료 다운로드

청해 음성(MP3)

청해 문제를 풀기 위한 음성 파일입니다.

■ **스마트폰**
스마트폰으로 QR코드를 스캔하면 다락원 홈페이지의
본책 페이지로 바로 이동합니다.
'MP3 듣기' 버튼을 클릭합니다. 모바일로 접속하면 회
원 가입과 로그인 절차 없이 바로 MP3 파일을
듣거나 다운로드 받을 수 있습니다.

■ **PC**
다락원 홈페이지(www.darakwon.co.kr)에 접속하
여 검색창에 「JLPT 파이널 테스트 N2」를 검색하면 자
료실에서 MP3 음성을 듣거나 다운로드 할 수 있습니
다. 간단한 회원 가입 절차가 필요합니다.

해설집(PDF)

학습자의 실력 향상에 도움이 되기 위해 정확한 해석
과 명쾌하고 친절한 해설을 실
었으며, 따로 사전을 찾지 않아
도 학습이 가능하게끔 문제에
나온 단어를 자세히 정리하였
습니다.

■ **스마트폰**
스마트폰으로 QR코드를 스캔하면 다락원 홈페이지의 본책 페이
지로 바로 이동합니다.
'자료실' 버튼을 클릭합니다. 모바일로 접속하면 회원 가입과 로
그인 절차 없이 바로 'JLPT 파이널 테스트 N2 해설집.pdf' 파일을
보거나 다운로드 받을 수 있습니다.

■ **PC**
다락원 홈페이지(www.darakwon.co.kr)에 접속하여 검색창에
「JLPT 파이널 테스트 N2」를 검색하면 자료실에서 'JLPT 파이널
테스트 N2 해설집.pdf' 파일을 보거나 다운로드 할 수 있습니다.
간단한 회원 가입 절차가 필요합니다.

목차

JLPT FINAL TEST

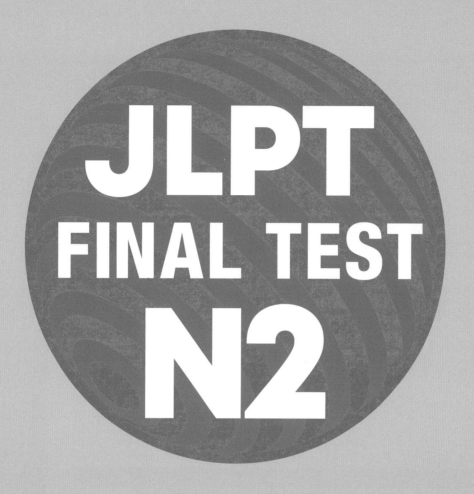

JLPT
FINAL TEST
N2

파이널 테스트 1회

파이널 테스트 채점표

자신의 실력이 어느 정도인지 확인할 수 있도록 임의적으로 만든 채점표입니다.
실제 시험은 상대 평가 방식이므로 오차가 발생할 수 있습니다.

언어지식 (문자 · 어휘 · 문법)

	1회	배점	만점	정답 문항 수	점수
문자 · 어휘	문제 1	1점×5문항	5		
	문제 2	1점×5문항	5		
	문제 3	1점×3문항	3		
	문제 4	1점×7문항	7		
	문제 5	1점×5문항	5		
	문제 6	1점×5문항	5		
문법	문제 7	1점×12문항	12		
	문제 8	1점×5문항	5		
	문제 9	2점×5문항	10		
	합계		57점		

*점수 계산법 : (언어지식(문자 · 어휘 · 문법) [   ]점÷57)×60 = [   ]점

독해

	1회	배점	만점	정답 문항 수	점수
독해	문제 10	2점×5문항	10		
	문제 11	3점×9문항	27		
	문제 12	3점×2문항	6		
	문제 13	3점×3문항	9		
	문제 14	3점×2문항	6		
	합계		58점		

*점수 계산법 : (독해 [   ]점÷58)×60 = [   ]점

청해

	1회	배점	만점	정답 문항 수	점수
청해	문제 1	2점×5문항	10		
	문제 2	2점×6문항	12		
	문제 3	3점×5문항	15		
	문제 4	1점×11문항	11		
	문제 5	3점×4문항	12		
	합계		60점		

*점수 계산법 : (청해 [   ]점÷60)×60 = [   ]점

N2

言語知識(文子・語彙・文法)・読解

(105分)

受験番号　Examinee Registration Number	

名 前　Name	

問題1 ＿＿＿＿の言葉の読み方として最もよいものを、1・2・3・4から一つ選びなさい。

1 今回、助演男優賞（じょえんだんゆうしょう）を受賞した俳優は今まで<u>数々</u>の素晴らしい作品に出演してきた。

   1 すうすう   2 すうずう   3 かすがす   4 かずかず

2 食品工場の中では<u>清潔</u>にしなくてはならない。

   1 せえけつ   2 せいけつ   3 せんけつ   4 じょうけつ

3 不景気で物価が<u>大幅</u>に下落している。

   1 だいはば   2 だいふく   3 おおはば   4 おおぶく

4 今週の天気は北海道（ほっかいどう）を<u>除いて</u>、各地に雨が降るでしょう。

   1 ぬいて   2 のぞいて   3 ひいて   4 はぶいて

5 その計画を<u>実現</u>させるためには全力を尽くさなければならない。

   1 じつげん   2 じっけん   3 しっけん   4 しつけん

問題2 ＿＿＿＿＿の言葉を漢字で書くとき、最もよいものを１・２・３・４から一つ選びなさい。

⑥ 大気<u>おせん</u>は世界的に深刻な問題です。

1 悪洗 2 汚染 3 悪泉 4 汚戦

⑦ <u>くわしい</u>納期（のうき）が分かったら、私にすぐメールしてください。

1 寂しい 2 怪しい 3 忙しい 4 詳しい

⑧ インターネットの<u>せつぞく</u>状況が悪くてウェブサイトが閲覧（えつらん）できない。

1 接続 2 設足 3 節属 4 摂続

⑨ 市の図書館に本を<u>きふ</u>した。

1 寄譜 2 基譜 3 寄付 4 基付

⑩ 彼のお姉さんは<u>ほうどう</u>関係の仕事をしている。

1 放道 2 放導 3 報道 4 報導

問題3 （　　　）に入れるのに最もよいものを、１・２・３・４から一つ選びなさい。

11 免許証をなくしたので（　　　）発行しなければならない。

　　1 次　　　　　　2 新　　　　　　3 再　　　　　　4 複

12 このビルは古いので、地震が来ると倒れてしまう危険（　　　）がある。

　　1 事　　　　　　2 感　　　　　　3 的　　　　　　4 性

13 彼は一生懸命勉強して弁護（　　　）の夢を叶えた。

　　1 者　　　　　　2 官　　　　　　3 師　　　　　　4 士

問題4 （　　　）に入れるのに最もよいものを、1・2・3・4から一つ選びなさい。

14 冬は特に乾燥しているので火事には（　　　）しましょう。

1 注文　　　　　2 用心　　　　　3 関心　　　　　4 発見

15 睡眠不足のせいで授業中に（　　　）して先生に怒られてしまった。

1 くたくた　　　2 くらくら　　　3 うとうと　　　4 うるうる

16 事故があったのか、道が（　　　）していて、会議に遅れてしまった。

1 満員
まんいん　　　2 高速
こうそく　　　3 遅刻
ちこく　　　4 渋滞
じゅうたい

17 彼は（　　　）が悪くて、2つのことが同時にできない。

1 要領
ようりょう　　　2 要点
ようてん　　　3 要所
ようしょ　　　4 要約
ようやく

18 自然災害
さいがい の被災者
ひ さいしゃ には政府から様々な（　　　）が受けられます。

1 後援
こうえん　　　2 支援
し えん　　　3 協賛
きょうさん　　　4 協議
きょう ぎ

19 私の母は今年60歳で、（　　　）勤めた会社を退職する。

1 年月　　　　　2 永遠　　　　　3 長年　　　　　4 月日

20 夜桜を楽しむ人のためにこの公園は夜になると桜が（　　　）される。

1 デコレーション　　　　　　　　2 メイクアップ

3 イベント　　　　　　　　　　　4 ライトアップ

問題5 ＿＿＿＿の言葉に意味が最も近いものを、１・２・３・４から一つ選びなさい。

21 足を骨折したのでマラソン大会にでることをあきらめた。

1 決心した　　　　　　　　　　　2 挑戦した

3 後ですることにした　　　　　　4 無理だと思ってやめた

22 うちの犬は利口で、海で子供を助けたことがあります。

1 めずらしい　　2 つよい　　　3 かしこい　　　4 すなお

23 私にとって英語の文法はとてもややこしいです。

1 困難　　　　　2 迷惑　　　　3 心配　　　　4 複雑

24 今から支度するので、少々お待ちください。

1 準備　　　　　2 料理　　　　3 片付け　　　4 買い物

25 家族とのんびりくつろぐ時間が一日で一番幸せな時間です。

1 イメージする　　　　　　　　　2 リラックスする

3 エンジョイする　　　　　　　　4 コントロールする

問題6 次の言葉の使い方として最もよいものを、1・2・3・4から一つ選びなさい。

26　権力

1　誰にでも自由に発言ができる権力がある。

2　今回、新薬を発明した伊藤教授は医学界の権力と呼ばれている。

3　あの国では大統領に権力が集中している。

4　あなたには秘密を守らなければならない権力があります。

27　一気に

1　この漫画がとても面白くて一日で一気に読んでしまった。

2　サッカーの試合で一気に頑張ってみたけど、負けてしまった。

3　算数の宿題を一気に考えたけど、答えが全くわからなかった。

4　悩み事は考えれば考えるほど落ち込んでしまうので、一気にしてはいけない。

28　すっかり

1　やっぱり、牛乳にはパンがすっかりですね。

2　運動すると、体も心もすっかりしますね。

3　一日会社を休んだら風邪もすっかり治りました。

4　散らかってるのですっかり片付けてください。

29　タイプ

1　あのバレーボール選手は背が高くてタイプも良いですね。

2　私の父は古いタイプの人間なので、頭が少し硬いです。

3　私はタイプ感覚がないので、踊ったり、歌ったりすることが苦手です。

4　今回の水泳大会では自己新記録のタイプが出た。

30 せっかく

1 この本は先生が面白いとおっしゃったので、せっかく読みたい。

2 早起きして、せっかく有名なパン屋に来たのに、今日は定休日だった。

3 ほめるだけでは子供のためにならないので、せっかく注意した。

4 せっかく、お金が必要になったので、母に借りた。

問題7　次の文の（　　　　）に入れるのに最もよいものを、1・2・3・4から一つ選びなさい。

31　4時間もかけて大阪（おおさか）まで来た（　　　　）、あの名物のたこ焼きを食べないで帰るわけにはいかないよ。

1　以上　　　　　2　上で　　　　　3　折に　　　　　4　次第

32　私が通っている韓国語教室の学生は年代が幅広く、10代の学生も（　　　）60代の方もいる。

1　いたら　　　　2　いると　　　　3　いれば　　　　4　いるなら

33　山本（やまもと）「ここのグラフ、赤色（あかいろ）（　　　）ダメ？」

伊藤（いとう）「うん。木村（きむら）先輩に赤にしといてって言われて…。」

1　じゃなくても　　2　じゃなきゃ　　3　だって　　　　4　でも

34　安心してください。検査の結果、どこも悪い（　　　）ですから。

1　ようがない　　2　にすぎない　　3　ところはない　　4　どころじゃない

35　午前中に20個、午後には30個が売れたので、今日一日だけで50個が売れた（　　　）。

1　ことにする　　　　　　　　2　ことにはならない

3　ことに決まっている　　　　4　ということになる

36　人通りが多い場所で歩きながらタバコを吸っている人がいるが、そういう人には一言（　　　）。

1　言わずにはいられない　　　　2　言おうとしないでもない

3　言わなくてもかまわない　　　　4　言わないわけではない

37 努力した（　　　　）、国家試験に合格できた。

1　にあたってみると　　　　　　　　2　からして

3　ところをみると　　　　　　　　　4　かいがあって

38 私が働いている会社は残業も多いし、給料も安いが、この不景気に辞めさせられない（　　　　）。

1　というものだ　　2　に違いない　　　3　ではいられない　4　だけましだ

39 私が飼っているマメは犬の（　　　　）、散歩が嫌いだ。

1　くせに　　　　　2　どころか　　　　3　くらいなら　　　4　あまり

40 私の兄は家族の反対を聞かずにアメリカへ留学に行った（　　　　）、半年も経たないうちに日本に帰ってきた。

1　ものなら　　　　2　ものの　　　　　3　かのように　　　4　限りでは

41 その美容院なら当日に行っても大丈夫だと思うけど、予約しておくに（　　　　）ね。

1　こしたことはない　　　　　　　　2　こしたものではない

3　はおよばない　　　　　　　　　　4　かまわない

42 このカップラーメン、値段（　　　　）、味はお店で食べるのと変わらないので気に入った。

1　というと　　　　2　はともかく　　　3　に限って　　　　4　にもとづいて

問題8 次の文の___★___に入る最もよいものを、1・2・3・4から一つ選びなさい。

(問題例)

あそこで ____ ____ ★ ____ は山田さんです。

1 テレビ　　　2 見ている　　　3 を　　　4 人

(解答の仕方)

1. 正しい文はこうです。

```
あそこで _____ _____ _____★_____ _____ は山田さんです。
         1 テレビ        3 を          2 見ている        4 人
```

2. ___★___に入る番号を解答用紙にマークします。

(解答用紙)　　(例)　① ● ③ ④

43　未来のことは _____ _____ ___★___ _____ わからない。

1 ばかりか　　　2 のことも　　　3 1年後　　　4 明日

44　台風が近づいているのか、_____ _____ ___★___ _____
です ね。

1 天気　　　2 今にも　　　3 雨が　　　4 降りだしそうな

45 テスト中は ＿＿＿＿＿ ＿＿＿＿＿ ＿★＿＿ ＿＿＿＿＿ 席を立ってはいけま

せんので、前もってトイレに行っておいてくださいね。

1　ない　　　　　　　2　よほどの　　　　3　かぎり　　　　4　ことが

46 妹に ＿＿＿＿＿ ＿＿＿＿＿ ＿★＿＿ ＿＿＿＿＿ が、思ったよりも自分の性

格に向いている気がした。

1　と頼まれて　　　　　　　　　　　2　どうしても

3　引き受けた　　　　　　　　　　　4　ベビーシッターの仕事だった

47 カードケースをどこかに落としてしまい ＿＿＿＿＿ ＿＿＿＿＿ ＿★＿＿

＿＿＿＿＿ なくしてしまいました。

1　学生証　　　　　2　カードまでも　　3　どころか　　　　4　銀行の

問題9 次の文を読んで、文章全体の内容を考えて、 48 から 52 の中に入る最もよいものを、1・2・3・4から一つ選びなさい。

以下は留学生が書いた文章である。

　　最近、テレビや新聞で「○活」という言葉をよく目にする。○に入ることばには様々なものがある。例えば「就活」。これは就職活動の略だ。他にも「婚活」、「腸活」、「終活」などだ。特に私が気になったのが「朝活」だ。何かの活動をするのだろうが、何をするのかさっぱりわからないのだ。 48 、私は調べてみることにした。まず、「朝活」とは朝の活動を略したもので、２００８年から 49 らしい。仕事や学校の始まる前の時間を有効に活用して勉強や趣味の時間として使うそうだ。調べて見ると、朝活といっても人によって目的や用途が全く違う。 50 は、「電車が混まない時間に通勤するために朝活をする」という人もいるし、また「家族とゆったりと朝食をとるために」と言う人もいる。私は朝早く起きることが苦手だが、朝活に興味がわいてきたので、私も挑戦することにした。私は朝活でウォーキングをすることにした。実際に朝、ウォーキングをしてみると多くの人が朝活をしていることがわかった。カフェで読書をする人、犬の散歩をする人、ランニングをする人などだ。

　　日本には「早起きは三文の徳」ということわざがある。早起きをするといいことがあるという意味で使われているが、私は今まで早起きを 51 いいことがあるなんて信じることができなかった。 52 、実際に朝活をしてみて、私の考えは変わった。今まで時間がないからとあきらめていたことも実現可能になるし、朝からスッキリできるので一日を気分よく過ごせるようになったからだ。本当におすすめなので、まだ朝活をしたことがない人はやってみたらいかがだろうか。

48

1 つまり　　　　2 そこで　　　　3 しかし　　　　4 ところで

49

1 使うこともあった　　　　　2 使うはずだった

3 使われるようになった　　　4 使うべきだった

50

1 ある人　　　　2 その人　　　　3 こういう人　　　4 こんな人

51

1 しようと思って　　　　　2 したいと言って

3 しなくても　　　　　　　4 したからといって

52

1 したがって　　　2 しかし　　　3 要するに　　　4 ところで

問題10　次の(1)から(5)の文章を読んで、後の問いに対する答えとして最もよいものを、1・2・3・4から一つ選びなさい。

（1）

　　就活塾「就活コーチ」は、表参道近くのワンルームマンションにある。慶応など有名大学の男女計6人が、グループディスカッションの講座に集まっていた。テーマは「ビールメーカーの新商品開発」。営業、生産、物流の立場になって議論する。ある学生は「ビール全体の売り上げ減少が問題では」と、問題の前提を確認するよう促した。だが、1時間半後の「OB訪問と傾聴力」の回では、疲労からか、ほとんど発言できなかった。議論の後、学生は手元に配られた1～6のトランプのカードを互いに手渡し合った。最も影響力があった人に「1」、なかった人に「6」。「傾聴力」の回で、その学生の評価は自己評価も含めて最低の「36」。悔しさも、本番への不安ものみ込んで、「自分のせい」と受け入れた。

　　　　　　　　（「「大人に反抗したらダメ」就活、息苦しさと矛盾抱えて」朝日新聞による。一部変更あり）

（注）OB訪問：主に大学生が就職活動を行うときに、情報収集の一環として働く社会人を訪問し、企業の情報や働き方などについて話を聞くこと

53　ワンルームマンションで学生達が行ったことは何か。

1　一つのテーマについて話し合い、最後に企業が面接を行った。

2　グループで話し合い、参加者同士で評価し合った。

3　チームに分かれ、トランプをしながらチームワークを深めた。

4　グループで討論し、最後にOB達が点数で評価した。

（2）

差出人　総務部　矢野明子
宛先　　山田太郎
件名　　ハローウィンパーティのお知らせ
送信日時 今日13：03：34

社員各位

秋も深まってまいりました。

さて、今年も恒例のハローウィンパーティーを下記の通り行います。ご家族参加型の賑やかなパーティーですので、お子様連れで是非ご参加ください。

つきましては、10月25日までに出欠と参加人数(大人○名、子供○名)を総務部矢野までメールでお寄せください。

よろしくお願い致します。

尚、小学生以下のお子様にはハローウィン用のお菓子のプレゼントを用意しています。

- 日時　20◇◇年10月31日(日)午後3時 ～ 午後6時
- 場所　スターホテル3階 多目的ルーム
- 会費　3500円(小学生以下無料)

総務部総務課　矢野明子
email：yano@efgh.ijk.co.jp
tel：01－2345－6789 内線：1234

---

54 小学生の子供と一緒にパーティーに出席するつもりである。最も適切なのはどれか。

1　返信する必要はなく、当日子供と二人で参加する。お菓子のプレゼントはもらえない。

2　当日までに子供と二人で参加すると返信する。お菓子のプレゼントがもらえる。

3　10月25日までに子供と二人で参加すると返信する。当日お菓子のプレゼントがもらえる。

4　10月25日までに子供と二人で参加すると返信する。当日お菓子のプレゼントはもらえない。

（３）

　また、妊婦の方は、カフェインを摂り過ぎることで流産や早産、低出生体重児、発達
障害のリスクが高まるとされています。摂取量が１日２００mgを超えないよう、１〜２
杯に留めておくか、ノンカフェインのコーヒーを飲むようにしましょう。そして忘れては
いけないのが、妊娠中の方以外でも、たとえ目安の３〜４杯に摂取量を抑えていても健康
を害する場合があるということ。コーヒーの健康効果の報告は、いずれもブラックコーヒ
ーを調査対象としています。毎回砂糖をたっぷり入れていたりすれば、当然健康効果どこ
ろの話ではなく、糖尿病やメタボを引き起こす原因になりかねません。

（「コーヒーは結局一日何杯なら健康的なのか」東洋経済オンラインによる）

（注１）低出生体重児：生まれたときの体重が２５００g未満の新生児のこと
（注２）メタボ（メタボリックシンドローム）：内蔵の周囲に脂肪がたまり、それに加えて高血糖、高血圧、
　　　　高脂血、高コレステロールの症状のいくつかを複数併せ持つ状態

55　　文章の内容として最も適切なものはどれか。

1　妊婦でなければコーヒーに健康被害はないのでいくら飲んでもいい。

2　適量を守っていても飲み方によって人体に悪影響がある。

3　妊婦はブラックコーヒーを一口も口にしてはならない。

4　少量でもカフェインが入っていればどんな飲み物でも健康効果がある。

（4）

　本書は法律の分野をわかりやすく解説した参考書である。本書を効果的に使用し学習する方法は、繰り返し読むということである。しかし、ただ読むというだけでは効果はない。例えば、法律の学習は丸い構造になっている。テキストの最初に書いてある内容も、後で出てくる知識がないと完全には理解できないような構造になっているのだ。初めはあらすじさえ分かればいいと気軽に読み進め、全体を一読するといい。それから、繰り返し読み直し、着実に理解していくという方法が最も効果的な本書の勉強法である。

56　文章の内容として最も適切なものはどれか。

　1　分からないことがあっても気にせず読み進める。

　2　1ページ、1ページにこだわって時間をかけて読む。

　3　最初から100％理解しようとし、内容を丸暗記する。

　4　最後のページから読み進め、繰り返し読み直す。

（5）

　マインナンバー制度とは、個人番号を利用し、行政機関等相互間で安全かつ効率的に
情報連携を行うための仕組みを整備しようとする制度のことです。この制度は住民票を
有するすべての人に一つの番号を付して、効率的に情報を管理し、複数の機関に存在する
個人情報が同一人物の情報であることを確認するためのものです。

　そして、マインナンバー制度を利用するための法律（行政手続きにおける特定の個人
を識別するための番号の利用等に関する法律、通称マインナンバー法）が２０１５年９月
３０日に施行されました。

（行政書士試験研究会『２０２０年版合格革命行政書士基本テキスト』早稲田経営出版による）

（注１）行政機関：国の行政義務を行う国家機関
（注２）連携：互いに連絡をとり協力して物事を行うこと
（注３）住民票：市区町村の住民について個人単位とし、氏名、生年月日、性別、世帯主との続柄、住所、
　　　　本籍などの事項を記載する公簿
（注４）有する：持っている。所有する
（注５）付す：与える、交付する

[57]　この文章の内容として最も適切なものはどれか。

1　マインナンバー制度により、国民の生活の利便性が向上した。

2　マインナンバーは国が効率的に個人情報を管理するためのシステムである。

3　マインナンバーは一時的なものであり、一生使用するものではない。

4　マインナンバー制度は２０１５年９月２９日から運用開始された。

問題11　次の⑴から⑶の文章を読んで、後の問いに対する答えとして最もよいものを、1・2・3・4から一つ選びなさい。

（1）

　本を読んでいると、「どうしてこんなことが書いてあるのだろう？」と疑問に思う部分が多々ある。どんなに好きな作家でも、所詮は赤の他人が書いているのだから、当然である。読みながら、納得できないと感じたり、こう書いた方がいいんじゃないかと自分なりに考えてみたりすることもあるだろう。

　大切なのは立ち止まって「どうして？」と考えてみることだ。本というのは、そういった疑問を持った瞬間にそういう疑問を持った人だけ、こっそりとその秘密を語り始めるものなのだ。疑問を持ったら、素通りせず虚心にその一筋に耳を傾けてみよう。たとえ、そのときは理解できなくてもそうして気にかけることで、その一節は読後も記憶に残り続け、何年か経ってから、「ああ、ずっと不思議だったけど、あれはそういうことだったのか！」と理解できるときが訪れるものである。そのとき初めて、長い時間をかけて作者の最も深い場所から発せられた声は読者に届くのである。

　長い歴史の中で多くの人が得てきた豊かな内容を、ほんの少しでも自分も得たいと考えるならば、まずはゆっくりと時間をとって「なぜ、わざわざ、作者はこんな書き方をしているのだろう？」と考えるところから始めなければならない。それは今日、明日役に立つことは教えてくれないかもしれないが、自分自身の価値観を大きく揺さぶるような経験をもたらしてくれるかもしれないのである。

（平野啓一郎『本の読み方　スロー・リーディングの実践』PHP研究所による）

（注1）素通り：立ち寄らずに通りすぎること
（注2）一筋に：一つのことに心を集中させ続ける

58 <u>当然である</u>とあるが、筆者はどのようなことについて述べているのか。

1 本が全くの赤の他人によって書かれていること

2 本に書かれている内容に疑問を抱くこと

3 どんなに好きな作家でも、結局は他人であること

4 疑問を持った本の一節に耳を傾けること

59 <u>そのとき</u>とはいつか。

1 多くの人が得てきた豊かな内容を知りたいと思ったとき

2 本の中にある筆者の考えに対して疑問を感じたとき

3 本を読みながら内容に納得ができなかったとき

4 本の内容に対して長年感じていた疑問が理解できたとき

60 文章の内容として最も適切なものはどれか。

1 本の中で疑問に思ったことはすぐに辞書で調べて見るといい。

2 本を読む上で大切なことは作者の考えに対して共感することだ。

3 作者の意図を読み取るためにはじっくりと本と向き合うことだ。

4 本を読むときは読むスピードを速めて声に出しながら読むといい。

（2）

博士の研究によると、人間であくびがうつり始めるのは5歳くらいからで、それより幼い乳幼児ではあくびはうつらないことが分かったといいます。なぜ赤ん坊はあくびがうつらないかといえば、自分中心に生きているから。すべてまわりが世話を焼いてくれるので、別に共感する必要がないのでしょう。それが5歳くらいになると世界は自分中心に回っているわけではないとだんだん思い知るようになります。幼稚園にでも入れば新たな人間関係がうまれるからなおさらです。そうやって共感力が培われ、あくびもうつるようになるというわけ。以前と比べると人があくびをしているのを見てもうつらなくなったという人は、考えが自己中心的になっていないか、ちょっと自己を省みる必要があるかもしれません。（中略）ちなみに、あくびをしたときに脳波を測定してみると、β波に代表される覚醒時の脳波が測定されます。つまりあくびをすることで一時的にせよ、眠気が消えるということ。退屈な授業や打ち合わせであくびが出るのは眠気を覚まそう、起きようとする心理の現れでもあるのです。ということは上司は部下のあくびをとがめるより、「遠慮せずどんどんあくびをしなさい」と奨励すべきなのかもしれません。

また、ストレスなどで過度に緊張したときにもあくびは出やすいもの。こちらは、緊張をゆるめることで覚醒を促す行動と考えられています。別の研究ではあくびには注意力を上げたり、脳を覚ます効果もあることが判明しています。いいことずくめというわけです。

（清田予紀『時間を忘れるほど面白い人間心理のふしぎがわかる本』三笠書房による）

（注1）乳幼児：乳児と幼児。小学校入学前の子供の総称
（注2）世話を焼く：進んで他人の面倒をみる
（注3）培う：体力や精神力など、その人の糧となるものを養い育てる
（注4）省みる：反省する
（注5）β波：脳活動の周波数帯
（注6）奨励：ある事柄を良いこととしてそれをするように人に強く勧めること

61 <u>博士の研究</u>結果はどのようなものか。

1 複雑な人間関係になるほど自己中心的な考え方になりやすい。

2 あくびがよく出る人は他人の否定的（ひていてき）な考え方が移っている。

3 ５歳以下の子供は周りに影響を受けやすいためあくびをよくする。

4 共感力が高い人ほど他の人からあくびをうつされやすい。

62 あくびが出るのはどんな時か。

1 自己中心的な考え方をしているとき

2 寝る前のリラックスしているとき

3 眠気を覚まそうとしているとき

4 まわりが自分の世話を焼いてくれているとき

63 この文章で筆者が最も言いたいことは何か。

1 あくびにはメリットがあるため我慢（がまん）せずにするべきである。

2 あくびをよくする人は睡眠を十分にとらなければならない。

3 人前（ひとまえ）であくびをすることは失礼であるため遠慮するべきである。

4 あくびがよく出る人は自分の自己中心的考え方を見直さなければならない。

（3）

　この言い回しを聞くと「お、頭良さげだ」と感じるもの。ところが、その後の話を聞いてみると、的確な時もあれば、そうでないときもあったり…。そうなのです。この言い回しは、使う人の力量がはっきり表れるのです。力量が一番強く感じられるのは、まとめ上手の進行役が使うケースでしょう。みんなの言っている話を的確に要約し、話を前へと進めます。冒頭の例でいえば、複数の出演者が「円高を傍観し続けているからいけないんだ」とダラダラとぼやいたら「つまり、皆さんがおっしゃりたいことは政府が介入するべきということですよね」と言って話を進めるのです。

　また、気を利かせた人が一旦話を区切るために使うケースも力量の高さを感じることができます。

　ある発言者の話があまりにずれまくり、みんながうんざりしているような場合、「その話、つまんないからやめようよ」と言ったら、あまりに露骨で喧嘩になってしまう。そこでこの言い回しを使って結論を導いてあげれば、言われた方はそれ以上話を続けることができません。いわば、やんわりと話を止めるテクニックだと言えます。

　厄介なのは、「つまり、あなたのおっしゃりたいことは…」と言いながら、相手の真意を汲み取らず、自分に都合のいい解釈を強引にしてしまう人。そんな人に限って、「私はこう考えるんですが…」と話を続けてしまいます。

（町沢静夫『口ぐせ、しぐさで人の心を見抜く本』ナガオカ文庫による）

（注1）良さげ：よさそうな感じがすること
（注2）傍観：その物事に関係のない立場でただ見ていること
（注3）ダラダラ：しまりなくくどく続く様子
（注4）ぼやく：ぶつぶつ不平や泣き言を言う
（注5）気を利かせる：相手の立場やその時の状況にふさわしいように心を働かせる
（注6）ずれまくり：意見や物事が互いにずっと一致しない様子
（注7）やんわり：やわらかであるさま
（注8）汲み取る：相手の心情や事情を推し量る

64 この言い回しとは何か。

1 「お、頭良さげだ」

2 「つまり、皆さんがおっしゃりたいことは」

3 「その話、つまんないからやめようよ」

4 「私はこう考えるんですが…」

65 この言い回しはどんな時に使われるか。

1 周りの人に自分を知的（ち てき）に見せたい時

2 その場の雰囲気が把握（は あく）できない人を叱りたい時

3 みんなの言うことをまとめて先に進めたい時

4 自分が考えた意見を強く主張したい時

66 文章の内容として最も適切なものはどれか。

1 この言い回しはいつも正論（せいろん）を話す人が使用している。

2 この言い回しをする人は周りの人に気を使えない人だ。

3 この言い回しをする人は完璧に場の雰囲気を把握している。

4 この言い回しは話す人の力量によって効果が異なる。

問題12 次のAとBの文章を読んで、後の問いに対する答えとして最もよいものを、
1・2・3・4から一つ選びなさい。

A

　このようなミュージカルは本当に久しぶりです。しかも、無料で小さい子供と一緒に行ってもいいミュージカルは私たちのような子供をもつ親にはとてもありがたいことです。子供がまだ小さいのでミュージカルに行くことを今まであきらめていましたが、今回のような時間を持つことができ、子供も喜んでいました。是非ともこのような機会をこれからも増やしていただければと思います。

　しかし、残念なこともありました。公演中、大きな音に驚いた子供が泣き出してしまいました。幸い、すぐに泣き止んだのですが、前に座っていた方に文句を言われてしまいました。まだ小さな子供ですから、泣くのは仕方のないことだと子育て経験のある方でしたらわかると思います。もし、子供が嫌いというのなら子供連れ禁止の有料のミュージカルに行かれればいいのではと思ってしまいます。社会全体がもっと大きな心で子連れに対する理解を深めるべきだと思います。

B

　私のような会社を定年退職し、自由な時間の多い年寄にとってこのミュージカルは大変うれしい。しかしながら、せっかくのミュージカルを妨害（ぼうがい）するような行為（こうい）は止めていただきたい。ミュージカル自体はプロの公演でお金を払ってもいいくらいとても良かったのだが、客席にいる子供の声で聞こえなかったり、集中できなかった。本当にもったいないし、マナー違反だといえる。他の客にも迷惑だし、何よりミュージカルをしている俳優たちにも失礼だ。だから、公演のやり方をもっと考え直さねばならないだろう。例えば、子供とその親のみを招待するミュージカルだとか、子供が騒ぎだしたら外にすぐ出られるように通路側の席は子連れ専用にしたりだ。何か対策を考えて、演者（えんじゃ）も観客もミュージカルを心から楽しめる環境を作っていただきたい。

67 このミュージカルはどのようなミュージカルだったか。

1 小さい子供に歌と演劇を体験させるミュージカル

2 小さい子供に鑑賞マナーを教えるミュージカル

3 小さい子供を連れて入場できるミュージカル

4 小さい子供とその親しか見ることができないミュージカル

68 ミュージカルに対するAとBの意見について正しいものはどれか。

1 AもBもミュージカルを今の方法で続けてほしいと言っている。

2 AもBもミュージカルの方法を変えればもっと良くなると言っている。

3 Aは今の方法で続けてほしいと言い、Bは方法を変えてほしいと言っている。

4 Bは今の方法で続けてほしいと言い、Aは方法を変えてほしいと言っている。

問題13 次の文章を読んで、後の問いに対する答えとして最もよいものを、１・２・３・４から一つ選びなさい。

　<u>私たちの日常は朝から“どんジャンケン”という子供の遊びをしているようなものだ</u>と思います。

　この遊びは二チームに分かれて、一つの線上を両端から一名が走り出して、途中でぶ^(注1)つかったらジャンケンをします。負けた人は相手に進路を譲ります。負けたチームは自分たちのスタートラインに相手が達しないように、次の走者が線上を走り出し、再び相手とぶつかってジャンケンします。双方がぶつかった時の掛け声「どーんジャンケンポン」が、このゲームの名前、線は曲線の方が面白く、平均台をいくつも使って、落ちた時にもジャンケンで負けたのと同じルールを適用するとさらに面白さが増します。足の遅い私でも、充分に楽しめる遊びでした。

　誰かと暮らしていれば、朝食のメニューで<u>“どんジャンケン”</u>です。ご飯がいい人、パンがいい人。この争いを避けるために別のメニューにする人もいるでしょう。

　テレビのチャンネル争いも“どんジャンケン”。これも一人一台のテレビで余計な衝突を避ける人がいるかもしれませんね。人が二人以上いればそれぞれにご都合がありますから、いつだって“どんジャンケン”です。

　（中略）

　行列に割り込む人も自分のご都合を優先させている人。逆に割り込みをしようとする車に対して、車間を詰めて割り込みさせない人も自分の都合を優先している人。“どんジャンケン”にたとえれば、負けたくないと思っている人です。

　しかし、人生は勝ち負けのあるゲームではありません。どんと当たる前に相手の道を^(注2)譲るくらいの大きな心は持っていたいものです。自分の都合と相手の都合がぶつかっていることに気付かずに、自分の都合を押し通そうとすれば、待っているのは勝った、負けた^(注3)です。

　勝てば得意げになり、負ければ悔しさが残ります。しかし、自分から先に道を譲って相手のご都合をかなえれば、こちらの気持ちはずっと楽です。

最近「お先にどうぞ」って言いましたか。言われたことありますか。

言う人が多くなれば、「お先にどうぞ」と譲られる人も多くなります。

まずはあなたから「お先にどうぞ」と言ってみませんか。

（名取芳彦『気にしない練習』三笠書房による）

（注1）両端：両方のはし
（注2）どんと：威勢のよいさま。力強いさま
（注3）押し通す：その主張や状態などを無理をしても変えずに貫く

69 私たちの日常は朝から "どんジャンケン" という子供の遊びをしているようなものだとあるが、それはどうしてか。

   1 相手と意見が違えば譲り合うから

   2 毎回ジャンケンをして選択しているから

   3 様々な意見がぶつかり合うから

   4 力の強い人がわがままに行動するから

70 "どんジャンケン" とは何か。

   1 じゃんけんをして勝った人が負けた人を追いかけまわすゲーム

   2 両端からスタートして相手の人と合流したところでじゃんけんをするゲーム

   3 平均台の上でぶつかり合ってバランスを崩して落ちた人が負けるゲーム

   4 階段でじゃんけんをして負けた人はその場所にとどまって、勝った人だけ前に進めるゲーム

71 文章の内容として最も適切なものはどれか。

   1 生き方に優劣や上下など存在しない。

   2 人生は誰かと競い合う場所である。

   3 現代社会は常に競争社会である。

   4 勝者にのみ幸せはやってくる。

問題14　次のページは、やまかわ市役所からのお知らせである。下の問いに対する答えとして最もよいものを、１・２・３・４から一つ選びなさい。

72　日曜日の午後７時頃、息子が40度の熱を出した。医者に診^みてもらうにはどうすればいいか。

1　456－7891に電話をかけて、相談する。

2　910－2345に電話をかけて、相談する。

3　健康保険証を持って、休日等夜間急病診療所に行く。

4　健康保険証を持って、当番医に行く。

73　１月１日午後５時頃、前歯が痛くなった。医者に診てもらうにはどうすればいいか。

1　健康保険証を持って、休日等歯科急病診療所に行く。

2　健康保険証を持って、歯科当番医に行く。

3　やまかわ市急病医療保健センターに電話をかけて、相談する。

4　やまかわ市歯科保健センターに電話をかけて、相談する。

やまかわ市役所からのお知らせ

休日・夜間の緊急連絡について

熱の場合

♣ 休日等夜間急病診察所（やまかわ保健所１階）

TEL 010−2345　　　FAX 678−9102

診療科目：小児科・内科・眼科

平日夜間：午後７時 〜 11時

土曜日：午後６時 〜 10時

日曜日・祝日・年末年始：午前９時 〜 午後９時

☆ 休日等夜間急病診察所からご自宅が遠い方には近くの当番医を紹介します。

♣ やまかわ市急病医療保健センター

TEL 910−2345

日曜日・祝日・年末年始：午前10時〜午後４時30分

歯が痛い場合

♣ 休日等歯科急病診察所（やまかわ保健所２階）

TEL 456−7891

日曜日・祝日・年末年始：午前８時〜午後４時

★ 診療受付は診察終了時間の30分間前までにお済ませください。

★ 健康保険証・その他医療証(コピー不可)を必ずご持参ください。

★ 平日、土日に関係なく、夜間に歯が痛い場合は、やまかわ市歯科保健センター

(TEL 567−8910) にご相談ください。

N2

聴解

（50分）

受験番号　Examinee Registration Number	

名　前　Name	

問題 1

問題1では、まず質問を聞いてください。それから話を聞いて、問題用紙の1から4の中から、最もよいものを一つ選んでください。

例

1 先生にメールで聞く
2 友達にメールで聞く
3 研究室の前のけいじを見る
4 りょうの前のけいじを見る

1番

1 男の人の家に行く

2 クリスマスケーキを作る

3 かざりを買いに行く

4 そうじをする

2番

1 友だちの車

2 飛行機

3 レンタカー

4 新幹線

3番

1 電話で

2 ファックスで

3 メールで

4 ホームページで

4番

1 「かんりしゃはけんとうちゅう」と書く

2 「たんとうしゃはけんとうちゅう」と書く

3 「こうほしゃはけんとうちゅう」と書く

4 「工事はけんとうちゅう」と書く

5番

ア

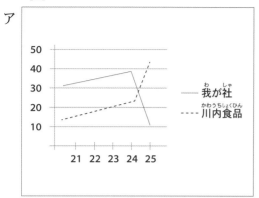

イ

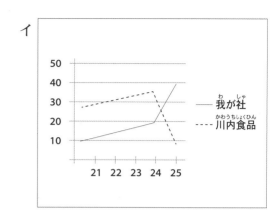

ウ

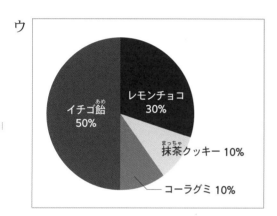

エ

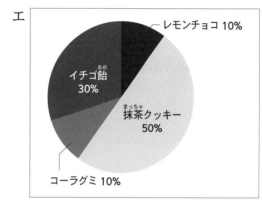

1 ア　ウ

2 ア　エ

3 イ　ウ

4 イ　エ

問題2

　問題2では、まず質問を聞いてください。そのあと、問題用紙のせんたくしを読んでください。読む時間があります。それから話を聞いて、問題用紙の1から4の中から、最もよいものを一つ選んでください。

例

1　友達とけんかしたから

2　かみがたが気に入らないから

3　試験があるから

4　頭が痛いから

1 番

1 これからすぐ

2 今日の夜

3 来月の3日

4 休みの日

2 番

1 旅行

2 ボランティア

3 ジムでの運動

4 山登り

3番

1 めんせつを受ける会社についてよく調べること

2 中小企業も視野に入れること

3 あきらめないで大企業にこだわること

4 やりたいことにについてよく考えること

4番

1 男の人が怪しかったため

2 車をぬすんだはんにんを探すため

3 交通事故について調べるため

4 きけんな場所を知らせるため

5番

1 体育館が借りられなかったから

2 スッタフのにんずうが足りないから

3 インフルエンザが流行したから

4 けいひんが届いていないから

6番

1 日本の食文化について

2 日本と自分の国の文化について

3 日本のファッションについて

4 日本の音楽について

問題3

問題3では、問題用紙に何も印刷されていません。この問題は、全体としてどんな内容かを聞く問題です。話の前に質問はありません。まず話を聞いてください。それから、質問とせんたくしを聞いて、1から4の中から、最もよいものを一つ選んでください。

－ メモ －

問題 4

　問題 4 では、問題用紙に何も印刷されていません。まず文を聞いてください。それから、それに対する返事を聞いて、1 から 3 の中から、最もよいものを一つ選んでください。

－ メモ －

問題5

問題5では、長めの話を聞きます。この問題には練習はありません。問題用紙にメモをとってもかまいません。

1番、2番

問題用紙に何も印刷されていません。まず話を聞いてください。それから、質問とせんたくしを聞いて、1から4の中から、最もよいものを一つ選んでください。

－ メモ －

3番

　まず話を聞いてください。それから、二つの質問を聞いて、それぞれ問題用紙の1から4の中から、最もよいものを一つ選んでください。

質問1

1　ピザ作りたいけん
2　動物ふれあいたいけん
3　ポニーじょうばたいけん
4　牛の乳しぼりたいけん

質問2

1　ピザ作りたいけん
2　動物ふれあいたいけん
3　ポニーじょうばたいけん
4　牛の乳しぼりたいけん

JLPT FINAL TEST N2

파이널 테스트 2회

파이널 테스트 채점표

자신의 실력이 어느 정도인지 확인할 수 있도록 임의적으로 만든 채점표입니다.
실제 시험은 상대 평가 방식이므로 오차가 발생할 수 있습니다.

언어지식 (문자 · 어휘 · 문법)

	2회	배점	만점	정답 문항 수	점수
문자 · 어휘	문제 1	1점×5문항	5		
	문제 2	1점×5문항	5		
	문제 3	1점×3문항	3		
	문제 4	1점×7문항	7		
	문제 5	1점×5문항	5		
	문제 6	1점×5문항	5		
문법	문제 7	1점×12문항	12		
	문제 8	1점×5문항	5		
	문제 9	2점×5문항	10		
합계			57점		

*점수 계산법 : (언어지식(문자 · 어휘 · 문법) [   ]점÷57)×60 = [   ]점

독해

	2회	배점	만점	정답 문항 수	점수
독해	문제 10	2점×5문항	10		
	문제 11	3점×9문항	27		
	문제 12	3점×2문항	6		
	문제 13	3점×3문항	9		
	문제 14	3점×2문항	6		
합계			58점		

*점수 계산법 : (독해 [   ]점÷58)×60 = [   ]점

청해

	2회	배점	만점	정답 문항 수	점수
청해	문제 1	2점×5문항	10		
	문제 2	2점×6문항	12		
	문제 3	3점×5문항	15		
	문제 4	1점×11문항	11		
	문제 5	3점×4문항	12		
합계			60점		

*점수 계산법 : (청해 [   ]점÷60)×60 = [   ]점

N2

言語知識(文子・語彙・文法)・読解

（105分）

受験番号　Examinee Registration Number	

名　前　Name	

問題1 ＿＿＿＿の言葉の読み方として最もよいものを、1・2・3・4から一つ選びなさい。

1 今後ともサービスの向上に<u>努めて</u>まいります。

1 すすめて　　　2 おさめて　　　3 つとめて　　　4 たかめて

2 体育の授業でケガをしたので先生に応急<u>処置</u>をしてもらった。

1 しょじ　　　2 しょうじ　　　3 しょち　　　4 そち

3 もう高校生なのに、そんなことで喧嘩するなんて、二人とも<u>幼稚</u>だ。

1 よち　　　2 ようち　　　3 ようし　　　4 よし

4 動物保護団体にお金を<u>寄付</u>する。

1 きふ　　　2 きぶ　　　3 きぷ　　　4 ぎぶ

5 今日はもう遅いので、この件に関しましては、また<u>改めて</u>メールにてお伝えします。

1 あきらめて　　　2 あたためて　　　3 あてはめて　　　4 あらためて

問題2 _____の言葉を漢字で書くとき、最もよいものを1・2・3・4から一つ選びなさい。

6 新しい年が良い年となることを心よりおいのりいたします。

　　1 礼り　　　　　2 神り　　　　　3 祝り　　　　　4 祈り

7 私の父はぼうえきの仕事をしています。

　　1 防益　　　　　2 貿易　　　　　3 冒益　　　　　4 望駅

8 これはたいしょう年齢が3歳のおもちゃだ。

　　1 対処　　　　　2 対照　　　　　3 対称　　　　　4 対象

9 どんな理由であっても、人種さべつはしてはならない。

　　1 査別　　　　　2 区別　　　　　3 差別　　　　　4 作別

10 ここはペットおことわりのカフェです。

　　1 頼り　　　　　2 断り　　　　　3 誤り　　　　　4 絶り

問題3　（　　　　）に入れるのに最もよいものを、1・2・3・4から一つ選びなさい。

11　交通量が多い時間（　　　）は午後6時から8時半ごろまでになります。

1　幅　　　　　　　2　内　　　　　　　3　帯　　　　　　　4　中

12　失恋した時のことを忘れ（　　　）いたのに、彼に偶然会ってしまい、また思い

出してしまった。

1　おわって　　　　2　すてて　　　　　3　にげて　　　　　4　かけて

13　災害などによる被害を最小限に食い（　　　）ために、今から対策を考えていか

なければならない。

1　とまる　　　　　2　とめる　　　　　3　おわる　　　　　4　おえる

問題4　（　　　　）に入れるのに最もよいものを、１・２・３・４から一つ選びなさい。

14　彼が待ち合わせに１時間も遅れてきたので、とても（　　　　）が立った。

　　1　耳　　　　　　2　頭　　　　　　3　腹　　　　　　4　目

15　今年のお祭りは若者の参加者が多く、（　　　　）にあふれています。

　　1　元気　　　　　2　活気　　　　　3　活発　　　　　4　発展

16　幸せな結婚生活を想像していたが、（　　　　）はそう甘くなかった。

　　1　現状　　　　　2　現象　　　　　3　現世　　　　　4　現実

17　敬老の日に手紙で祖父母に（　　　　）を伝えた。
けいろう

　　1　感謝　　　　　2　感動　　　　　3　感激　　　　　4　感銘

18　うちの子は今、中学生なので親の私によく（　　　　）する。

　　1　対抗　　　　　2　反抗　　　　　3　対決　　　　　4　反映

19　彼がその才能を（　　　　）できれば、今まで以上の結果が出せるに違いない。

　　1　活躍　　　　　2　活発　　　　　3　発揮　　　　　4　発達

20　車のタイヤが（　　　　）したので、修理した。

　　1　ミス　　　　　2　カーブ　　　　　3　パンク　　　　　4　アウト

問題5 _____の言葉に意味が最も近いものを、1・2・3・4から一つ選びなさい。

21 来年にはこの土地でリゾート開発が始まる。

1 住宅地
<ruby>住宅地<rt>じゅうたく ち</rt></ruby>

2 行楽地
<ruby>行楽地<rt>こうらく ち</rt></ruby>

3 遊園地
<ruby>遊園地<rt>ゆうえん ち</rt></ruby>

4 中心地
<ruby>中心地<rt>ちゅうしん ち</rt></ruby>

22 毎日運動をするので着実に体力がついてきている。

1 いきいきと　　　2 そろそろと　　　3 こつこつと　　　4 ばたばたと

23 この商品の原価を調べてください。

1 コスト　　　2 リスト　　　3 マスト　　　4 ポスト

24 私の知合いには陽気な人たちが多い。

1 落ち着いた　　　2 明るく楽しい　　　3 少し変わった　　　4 小言が多い

25 またとないチャンスを逃すことはできない。

1 たしかな　　　2 いらない　　　3 かんぺきな　　　4 たった一度の

問題6　次の言葉の使い方として最もよいものを、1・2・3・4から一つ選びなさい。

[26]　気軽に

1　マッサージをしてもらったので肩が気軽になった

2　無料の留学説明会を行いますので気軽にご参加ください。

3　難しいパン作りも2つの材料だけで気軽にできます。

4　長い入院生活も終わり、やっと退院できて気軽になった。

[27]　はずれる

1　お気に入りのシールがはずれてしまった。

2　天気予報がはずれて、雨に濡れてしまった。

3　彼は幼い時から親元をはずれて生活している。

4　危ないので、ここからはずれてください。

[28]　催促

1　友人に借りていた服を返し忘れていたため、催促の電話がかかってきた。

2　育てている花の成長が遅いので、栄養をやって発育を催促した。

3　ここら辺で泥棒がよくでるので、注意するよう警察に催促された。

4　最近、睡眠不足だったので、この曲をきくと睡眠が催促される。

[29]　抱える

1　タバコを一本だけ、口に抱えて散歩をした。

2　寒いのでマフラーを首に抱えて学校に行った。

3　朝はコップ一杯のコーヒーを片手に抱えて新聞を読む。

4　彼女は4人の子供を抱えて働くシングルマザーだ。

30 たっぷり

1 通勤ラッシュの時間なので、電車の中に人が<u>たっぷり</u>いて大変です。

2 バイキングに行ってきたので、お腹がはじけそうなくらい<u>たっぷり</u>です。

3 彼はたいして勉強もしていないのに、今回のテストは自信<u>たっぷり</u>に見えた。

4 昨日はこどもの日だったので、おもちゃ屋に子供が<u>たっぷり</u>いた。

問題7 次の文の（　　　）に入れるのに最もよいものを、1・2・3・4から一つ選びなさい。

31 友だちに好きな人が浮気したらどうしようと相談すると、「まだ付き合って
（　　　）、そんな心配しても無駄でしょ」と言われてしまった。

1 もいないのに 2 いないからこそ

3 はいけないのに 4 もいいのなら

32 今クリスマスプレゼントを見せたら、子供たちは（　　　）ので、クリスマスイ
ブになったら見せることにしよう。

1 ほしいに決まっている 2 ほしいような

3 ほしがるに決まっている 4 ほしがるとは限らない

33 このプログラムは一度使ったことがあるので、説明（　　　）。

1 にすぎません 2 にはおよびません

3 に決まっています 4 に越したことありません

34 田中「そういえば、カンナちゃんの誕生日って、来週（　　　）。」
佐藤「うん、金曜日。」

1 っけ 2 だっけ 3 だったし 4 だったら

35 このドアは本人でないと開かない（　　　）。

1 ようにしない 2 ようにする

3 ようになる 4 ようになっている

36 すいません、この自転車、（　　　）。

1 使わせていただけませんか 2 使わせていただきたいですか

3 使わせてほしいですか 4 使っていただきませんか

37 夕飯の準備ができましたよ。どうぞ、（　　　　）うちに召しあがってください。

1　冷めた　　　　　2　冷めました　　　3　冷めなかった　　4　冷めない

38 <ruby>水道代<rt>すいどうだい</rt></ruby>を節約するために、これからは水のだし（　　　　）に注意しましょう。

1　たまま　　　　　2　っぱなし　　　　3　てある　　　　　4　ている

39 値段の高いパソコンだからといって、性能がいい（　　　　）。

1　ということだ　　2　みたいだ　　　　3　にちがいない　　4　とはかぎらない

40 いくら探しても財布が見つからない。もう（　　　　）しかないだろう。

1　あきらめる　　　2　あきらめない　　3　あきらめて　　　4　あきらめた

41 女の子だからってみんなスカートが好きな（　　　　）。好きな人もいれば嫌いな人もいるだろう。

1　わけだ　　　　　2　わけじゃない　　3　わけにはいかない　4　わけがない

42 このレシピ（　　　　）すれば、誰でも簡単にケーキが作れます。

1　によって　　　　2　に関して　　　　3　をめぐって　　　4　のとおりに

問題8 次の文の____★____に入る最もよいものを、1・2・3・4から一つ選びなさい。

（問題例）

あそこで ____ ____ ★ ____ は山田さんです。

1 テレビ　　2 見ている　　3 を　　4 人

（解答の仕方）

1．正しい文はこうです。

あそこで _____ _____ ★_____ _____ は山田さんです。
　　　　　 1 テレビ　　 3 を　　 2 見ている　　 4 人

2．__★__に入る番号を解答用紙にマークします。

（解答用紙）　　（例）　①●③④

43　残りのピザ三枚を _____ _____ ★_____ _____ が、夕食が食べられなくなるので、残すことにした。

1 食べられない　　2 無理を　　　　3 こともない　　4 すれば

44　運転免許の試験は視力検査に _____ ★_____ _____ _____ ことができない。

1 学科試験を受ける　　　　　　　2 から

3 でないと　　　　　　　　　　　4 合格して

45 その本、＿＿＿＿＿ ＿＿＿＿＿ ＿★＿ ＿＿＿＿＿ にくださいませんか。

1 くらい　　　　2 私　　　　　3 捨てる　　　　4 なら

46 どうして海の水はなくならないのかと子供に聞かれて、＿＿＿＿＿ ＿＿＿＿＿

＿★＿ ＿＿＿＿＿ ので、少し困った。

1 思って　　　　　　　　　2 思っていなかった

3 疑問にすら　　　　　　　4 当たり前だと

47 うちの父は「暑い時は ＿＿＿＿＿ ＿＿＿＿＿ ＿★＿ ＿＿＿＿＿」と言っ

て毎晩ビールばかり飲んでいる。

1 に限る　　　　2 冷やした　　　3 冷蔵庫で　　　4 ビール

問題9 次の文を読んで、文章全体の内容を考えて、48 から 52 の中に入る最もよいものを、1・2・3・4から一つ選びなさい。

以下は日本で暮らしている外国人が書いた文章である。

日本の夏はとても暑い。歩いている 48 喉がかわく。今日もこの暑さに我慢できなくて思わず道端にある自動販売機でジュースを買ってしまった。日本全国どこを歩いていても当たり前のように自動販売機が目に入る。世界中どこに行ってもこんなに自動販売機が多い国は 49 か。

自動販売機の長所は何と言っても、無人で２４時間商品が提供できることだろう。また、気軽にすぐ手に入るといった利便性もある。暑い夏、近くにコンビニやスーパーなどがない時、自動販売機ならどこにでもあるのでとても便利な存在である。

そして、日本は治安が良いと言われている。 50 無人の自動販売機を道に置いていても、お金や商品を盗む人がいないので、安心して道に自動販売機をおいておけるのだという。さらに、日本は地震などの自然災害が多い。そのような非常時にも自動販売機は役に立っているのだという。災害時には品物がなかったり、お店が開いていなかったりして飲み物や食べ物を手に入れることが難しいが、自動販売機なら無人で最低限の飲み物を確保できるといったメリットがある。こういった理由で自動販売機が日本全国に普及していった。

また、自動販売機には飲み物 51 アイスやカップラーメン、パン、ピザなどの食べ物も売っている。種類が豊富なのも自動販売機の魅力の一つ 52 。

48

1　どころか　　　　2　にしても　　　3　だけでも　　　　4　とはいえ

49

1　ないだろう　　　　　　　　　2　なさそうだろう

3　なくならないだろう　　　　　4　ないのではないだろう

50

1　しかし　　　　2　だから　　　3　むしろ　　　　4　ところで

51

1　というからには　　　　　　2　に限り

3　だけでなく　　　　　　　　4　に対して

52

1　なのかもしれない　　　　　2　ではいけない

3　にせねばならない　　　　　4　でなくてもいい

問題10 次の⑴から⑸の文章を読んで、後の問いに対する答えとして最もよいものを、1・2・3・4から一つ選びなさい。

（1）

　安いものを買って節約につなげるのは間違ってはいない。ただし、「安いし、いつか使うかも」となんとなくカートに入れるのが問題だ。これを防ぐには、モノではなく金額の縛り^(注1)で買うようにするといい。多くの家庭では月の食費予算を決めているものだ。まずそれを日割り計算し、三日分買うなら×3、五日分なら×5の数字が財布に入れていい金額となる。今日はこの金額以上は買えないと意識すれば、なんとなく買っておこうかという緊急度のないものは買わずに済む。必ず必要なメインの肉や魚を買ったうえで、後はその残りの金額内で安いものを探せばすっきりする。安いものから買わない方がいいのは、まだ頭の準備ができていないからだ。買い物に行く際に最初からがっちり何を作るか決めている人はそう多くない。当日の安い食材を買って、それを使って作れるものを今日のメニューにしようと考える。つまり、買い物を続けるうちに徐々にメニューのイメージが固まってくるので後半の買い物は無駄がないのだが、最初にカートに入れたものは必ずしもそうではない。

（「冷蔵庫を見ればわかる「お金が貯まる家」の特徴」東洋経済オンラインによる）

　（注）縛り：制限

53 この文章で筆者が最も言いたいことは何か。

1　無駄なものを買っても落ち込まず、それで何が作れるのかを前向きに考えることが重要だ。

2　他の人に取られないように最初に特売品や値下げ品など安いものを買っておくと節約になる。

3　買い物に行く前にメニューを決めて、必要な材料だけを買った方が効率的だ。

4　財布に最低限必要な金額のお金のみを入れて買い物に行くと無駄遣いしないですむ。

（2）

　よいコミュニケーションがいつでもとれていれば、素直に自分を出して受け入れてもらえる。それに、たくさんの人に知り合い、受け入れてもらうことができれば刺激を受けたり、世界が広がったりする。さまざまな考え方や生き方を知ることによって、人生がさらに楽しいものになる。まず、言いたいことはきちんと言う。何も我慢などしなくていい。ただ、言い方には気をつけたい。言葉は順番を変えたり、着飾ったりすると、まったく違う様相を見せるからだ。そして、誹謗中傷、悪口は論外。事実は伝えた方がよいが、相手を中傷することは別である。そのためには、誠意と愛情を持って正直に人と付き合うのが一番だ。

（岩崎由美『林文子　すべては「ありがとう」から始まる』日経ビジネス文庫による）

（注1）着飾る：美しい衣服を身に着けてかざる
（注2）誹謗中傷：でたらめな悪口を言って相手を傷つけること
（注3）論外：論じる価値のないこと

54　この文章で筆者が最も言いたいことは何か。

　1　相手が傷つく言葉でも思ったことは正直に話した方がいい。

　2　コミュニケーションが取れていればどんな言葉でも受け入れてもらえる。

　3　素直に話すことは重要だが、伝え方を間違えると正しく伝わらない。

　4　正直になることも大切だが、自分の考えを主張してはいけない。

（3）

　路線バスは通勤通学や高齢者の買い物、病院通いなどに使われる身近な公共交通だ。運転免許を返納する高齢者にも欠かせない生活インフラとなる。減便や路線縮小が広がっ(注1)ていけば日々の暮らしに支障が出よう。ただ、運転手がいなければバスは走らせられない。西日本鉄道は運転手不足を理由に、福岡県内の路線バスの４分の１に当たる路線で減便する。運転手の確保は賃金や労働環境を粘り強く改善していくしかない。経営全体のバランスもあり、性急な対応は難しい。そうした中で注目すべき動きが九州にある。熊本県内のバス事業者５社が「共同経営」を目指すことで合意した。競合する会社同士(注2)ががっちり手を組む全国に先駆けた取り組みだ。熊本市中心部などで複数の会社が運行(注3)　　　　　　　　　　　(注4)している路線を１社にまとめたり、ダイヤや運賃制度を調整したりして、効率化を図る。(注5)異なる会社間の乗り継ぎ割引といった利便性向上策も協議するという。

（「地方路線バス知恵絞り「弱者の足」守れ」西日本新聞オンラインによる）

（注1）減便：船や航空機などの定期便の航回数を減らすこと
（注2）競合：きそいあうこと
（注3）がっちり：すきまなく組み合うさま
（注4）先駆ける：他よりも先だって物事をする
（注5）ダイヤ：ダイヤグラムの略。列車などの運行予定を図に示した表。または、その運行予定

55　この文章の内容として最も適切なものはどれか。

1　公共交通機関に頼らざるを得ない人にとってバスの路線を増やしたことは意義あることだ。

2　熊本県内のバス事業者が共同経営をすることになり、交通弱者の利便性が向上した。

3　高齢者の運転は危険であるため運転免許の返納に対する支援を行わなければならない。

4　路線バスの運転手不足の解消には賃金や労働環境の改善が求められる。

（4）

　ホテル滞在中にどうしても野球の人気試合をご覧になりたいと、お客様から連絡が入ったとします。チケットの発売前ならば自分が並んででもチケットをとろうと手配します。しかし、満席だったり、試合当日に並ばなければチケットが取れないという場合は、あらゆる手を尽くしてできる限りのことをします。関係者に連絡して助けてくれそうな人を探します。それでもどうにもならなかったときは、お客様にはきっと満足していただけるような代案を用意します。

（阿部佳『わたしはコンシェルジュ』講談社文庫による。一部変更あり）

56　この文章の内容として最も適切なものはどれか。

1　どんなに難しい問題が起きても誰かに頼ろうとせず、ホテル関係者だけで解決しようとする。

2　お客様の要望はどんな形であれ、お客様が納得できるサービスを提供しなければならない。

3　ホテルには無理難題を言うわがままなお客様が世界各地から来るので大変迷惑している。

4　どんなに難しい注文でも途中で諦めないで、必ずお客様の願いを叶えなければならない。

（5）

　起きて目から光が入ると、脳にある「体内時計」のメインスイッチが入ります。そこから1時間以内に朝食をとることで、全身にある「体内時計」も同時に動き始めるので、一日を通していい体調を保つことができるのです。しかも、ごはんから炭水化物をとり、味噌汁でたんぱく質と食物繊維をとっていると、午前中にエネルギー切れになったり、小腹が空いたりすることがなくなり、さっそうと動き回れるのでますます太りにくくなります。そして朝食で「味噌汁＋ごはん」をちゃんととっておけば、代謝のいい状態になっているので、昼食と夕食はいつも通りに食べてOKです。

（小島美和子『おいしく食べてやせる!みそ汁』王様文庫による。一部変更あり）

（注1）小腹が空く：ちょっと空腹になる

（注2）さっそう：姿、態度、行動などがすっきりとして見た目にさわやかなさま。また、きりりとして勇ましいさま

（注3）代謝：生物が生命維持のために必要な物質を体内に取り入れ、不要になった物質を体外に排出すること

57 この文章の内容として最も適切なものはどれか。

1　起床してから1時間以内に朝御飯を食べることが一番重要だ。

2　より熱い味噌汁を飲むことで全身が熱くなり代謝が良くなる。

3　毎食、味噌汁を飲むことによって一日中いい体調を保つことができる。

4　朝に味噌汁を飲むと満腹になり昼にお腹が空かなくなる。

問題11 次の⑴から⑶の文章を読んで、後の問いに対する答えとして最もよいものを、
1・2・3・4から一つ選びなさい。

（1）

　ことばの客観的効果は主として論理に頼っており、その主観的効果は心理に根差して
おります。とすれば、ことばはつねに論理的側面と心理的側面との二重性を担っていると
いえましょう。私たちの現代語がほとんど収拾すべからざる混乱状態に陥っているとすれ
ば、その主なる原因はことばの持つ二つの働きのあいだに大きなギャップがあるという
ことになります。私たちの日常生活における誤解とか行き違いとかいうものは、よく考
えてみれば、たいていこのギャップから生じているのです。たとえば、私の作品の冒頭で、
「また雪が降ってきたわ」という妻の言葉にたいして「うん…」という夫のことばは、論
理的には正しい。妻にはなんら文句をいうべき筋合いはない。しかも妻に不満が残るとい
うのは、妻の「また雪が降ってきたわ」というせりふが、論理的な意味よりも「二人で話
がしたい」という心理的発言であるからです。

　ところが、世のあらゆる夫婦げんかにおいて、おたがいが相手の言ったことばを検討
しあい、「きみがああ言ったから」とか「あなたはこう言ったじゃないの」とかいさかう場合、
ほとんど常と言っていいほどこの言葉の心理効果を無視し、論理的効果のみを問題にして
います。言いあっているうちに、相手のそれを無視するばかりでなく、うかうかすると自
分のことばについてさえそれを見失ってしまって、口で言い負かされ、しかも「自分の方
が正しいのに」とくやしがる。それでは勝った方も後味が悪いということになります。

（福田恆存『演劇入門』多摩川大学出版社による）

（注1）根差す：そこに基盤をおく。または原因となる。もとづく
（注2）収拾：混乱をおさめ、状態を整えること
（注3）行き違い：意志がうまく通じないで、くい違いを生じること
（注4）なんら：まったく。少しも
（注5）筋合い：物事の道理。ここでは、確かな理由や根拠
（注6）いさかう：言い争う
（注7）うかうか：気がゆるんで注意が行き届かないさま。うっかり

（注8）言い負かす：言い争って相手に勝つ
（注9）後味：物事が済んだあとに残る感じや気分

58 このギャップとは何か。

1 主観的効果と心理的側面のずれ

2 客観的効果と論理的側面の違い

3 夫婦喧嘩での意見の食い違い

4 論理的意味と心理的意味の相違

59 それとは何を指しているか。

1 言葉の客観的意味

2 言葉の論理的意味

3 言葉の論理的効果

4 言葉の心理的効果

60 それでは勝った方も後味が悪いということになります。とあるが、その理由は何か。

1 口喧嘩で、相手を心理的に攻撃してしまい、相手を傷つけてしまったから

2 口論に勝った後で、やはり自分の方が悪かったのではないかと後悔しているから

3 論理的には相手に勝っても、自分の正当性について相手が認めてくれないから

4 相手を言い負かしても、最後まで自分の言いたいことが言えなかったから

（2）

　昼食が弁当あるいは外食に変わっても、朝食と夕食は家族そろっての共食の場として残っていった。しかし、住宅地域が都心から郊外へと広がり、学校や勤め先が遠くなるのに伴って、朝食の個人化がきわだって目立つようになってきた。出勤や通学などの時間に合わせて、家族の一人一人が自分の都合のよいときに朝食をとる、そのような生活パターンを持つ家庭が確実に増えてきているのである。社会の側への依存度の高い昼食とは異なって、朝食は家庭側で準備する食事であるにも関わらず、家族の共食の場という意味あいは薄れつつある。このようにして家庭では家族の共食の場が目に見えて減ってきているのである。「上の子供が中学に行きだしてからは、給食(きゅうしょく)がないので毎日のように弁当を作らなければならなくなった。その手間も大変であるが、おかずを選ぶのがそれに輪(わ)をかけて面倒である。最近になって学校給食のありがたさがよくわかった」とは、(注1)ある母親の学校給食に関する率直な意見である。母親にとって給食は朝の弁当づくりの手間を省いてくれるので、おおいに助かっていることをはっきりと認めた発言である。このような考え方が大多数の母親に共通する潜在的な意識であることに間違いないだろう。

　学校給食があるから子供の弁当は作らなくてすむ。それならついでに主人の弁当づくりも省略して、職場での給食かあるいは外食で昼をすませてもらおう、つまり外へ出かけゆく家族の昼食は社会の側へゆだねてしまおう、と考えるのは自然な成り行きである。(注2)

（酒井伸雄『日本人のひるめし』中公新書による）

（注1）輪(わ)をかけて：程度をさらにはなはだしくする
（注2）ゆだねる：すべてをまかせる

61 社会の側への依存度の高い昼食として間違っているものを選びなさい。

1 コンビニで買って食べるお弁当

2 学校で提供される給食

3 会社の食堂で食べる定食

4 家から持ってきた手作り弁当

62 家族の共食の場が目に見えて減ってきている理由として間違っているものを選び

なさい。

1 家族で生活のパターンの共有が難しくなったから

2 プライベートな時間を重要視しているから

3 通勤、通学時間が短縮されたから

4 個人のライフスタイルに合わせているから

63 母親に共通する潜在的な意識とは何か。

1 ほぼ毎日、朝早く起きてお弁当を作るのがわずらわしい。

2 健康のために栄養バランスのいいおかずを考えるのは難しい。

3 一人分のお弁当を作るより外食した方が安くすむ。

4 外食の方が美味しく、メニューも多い。

（３）

　　母親が子供にどのような資質をいつごろまでに身につけることを期待しているか－母親の発達期待を調査した結果は、日米のいい子象、ひいては望ましい人間像を示唆している。日本の母親が素直で抑制のきいた協調を強く期待するのに対して、アメリカでは自分の意志・意見の主張とリーダーシップをそなえた積極的な社会性が求められている。このような対照は他の調査でも確認されている。素直と協調を重視する日本の親たちは、その期待をしつけに反映させる。日本では、明示的指示なしに親のいわんとすることを察知して従わせるしつけ方略が多用されていたが、それは素直・従順と他への高い感受性・協調性を前提としているといえよう。いい子像は親のみならず学校教育においても教師のフィードバックや評価、さらに教科書によっても伝達されている。

　　親や社会の子供への期待は、つまるところそれぞれの文化における自己認識を反映したものであり、さらに相手が誰か－同僚や友人か、目上か、一人でいる時かによって自己をどのようなものとして示すかを微妙に変える状況依存性の高さもアメリカ人の一貫性の高さと対照的である。このような特徴は、他者との相互依存的関係を重視する日本社会の反映であり、そうすることが適応的でもある。上述の親のしつけや期待、さらに学校でのきまりなどは他者への配慮や自分と他者との関係の取り方を子供にも学ばせる手段となっている。

（柏木恵子『家族心理学』東京大学出版会による）

（注１）示唆：それとなく知らせること。ほのめかすこと
（注２）抑制のきいた：意識的な努力によって衝動やそれに伴う感情、思考を抑えつけること
（注３）察知：それと気が付くこと
（注４）方略：計略。手だて
（注５）つまるところ：要するに。結局

64 日本人の親が求める子供像とは何か。

1　正しいことを正しいと主張できる子供

2　自分の意見を決して曲げずに譲らない子供

3　周囲の人との雰囲気を壊さず、相手に合わせる子供

4　マイペースで言われたことしかしない消極的な子供

65 アメリカ人の親が求める子供像とは何か。

1　独立心があり、集団をまとめる力のある子供

2　母親の言うことを素直にきく子供

3　何事にも控えめで受動的な子供

4　感受性が高く勉強がよくできる子供

66 <u>そうすること</u>とはどんなことか。

1　どんな相手でも平等に接すること

2　良い人間関係のために自己主張をすること

3　相手にとって都合のいい人間になること

4　他者の立場に配慮した態度をとること

問題12 次のAとBの文章を読んで、後の問いに対する答えとして最もよいものを、
1・2・3・4から一つ選びなさい。

A

20◇◇年 3月 2日

K&N工業株式会社
伊藤洋次様

いつもお世話になっております。

2月12日付けで発注致しましたPK235－A、600個の件ですが、納期を1週間過ぎているのにまだ届いておりません。至急ご確認いただけますでしょうか。

当社製品の組み立て作業の関係上、遅くとも明日（3日）13時までには納品していただきますようお願い申し上げます。

尚、このような納期遅れは今回が初めてではございません。貴社を伝統あるメーカーとして信頼してまいった弊社といたしましては、残念でなりません。当社の信頼にも関わりますのでご注意願います。

また、先ほど営業部と伊藤様の携帯に何度かお電話差し上げましたところ、どちらも留守電話になっておりました。お忙しいところ申し訳ございませんが、早急にご連絡いただきますようお願い申し上げます。

川田電機株式会社
生産管理課 三宅 順

B

20◇◇年 3月 3日

川田電機株式会社 生産管理課
三宅順様

いつもお世話になっております。

この度は、納期の件で大変ご迷惑をおかけしまして、誠に申し訳ございません。

先ほど、お電話でもお伝えいたしましたが、PK235－A、600個は本日（3日）13時までに、伊藤が直接工場から現物を持って御社へ伺いますので、お受け取りくださいますようよろしくお願い致します。

この度の件、原因を確認致しましたところ、運送会社への連絡に手違いがございまして起きたことだということが判明いたしました。私どもの不手際でこのような事態となりましたことを心からお詫び申し上げます。今後、再びこのようなことのないよう、社員一同、細心の注意を払い業務に取り組む所存です。

後日、改めまして、お詫びに伺わせていただきます。何卒よろしくお願い致します。

K&N工業株式会社
営業部長 山下 博

67 ＡとＢのメールの内容として正しいのはどれか。

1 ＡはＰＫ２３５－Ａの納期が遅れているため、電話するよう伝えている。Ｂは納期が遅れたことを改めて手紙でお詫びすると言っている。

2 ＡはＰＫ２３５－Ａが届いていないため、その理由を聞いている。Ｂはその理由をこれから調べて、分かり次第お詫びすると言っている。

3 ＡはＰＫ２３５－Ａが届いていないため、確認して連絡してほしいと言っている。Ｂは届かなかったわけを報告し、謝っている。

4 ＡはＰＫ２３５－Ａの納期の連絡がないことを怒っている。Ｂは納期が遅れた原因を説明し、お詫びに伺うと言っている。

68 ＰＫ２３５－Ａの納期が遅れた理由は何か。

1 川田電機株式会社と運送会社の間で納期についての誤解があった。

2 運送会社が川田電機株式会社が指定した日にＰＫ２３５－Ａを届け忘れた。

3 Ｋ＆Ｎ工業株式会社が川田電機株式会社への連絡が不十分だった。

4 Ｋ＆Ｎ工業株式会社が運送会社にＰＫ２３５－Ａの納期を間違って伝えていた。

問題13 次の文章を読んで、後の問いに対する答えとして最もよいものを、1・2・3・4から一つ選びなさい。

ニジェール川に沿って、サハラの南縁地帯を一か月近く旅したことがある。この辺りは慢性的な飢餓地帯である。私たちは毎日食料を見つけることにえらく苦労した。一日一食という日もしばしばだった。だが、やっとありついた粗末な砂の上の食事がどれほどうまかったことか。ニジェールから帰ってしばらくの間、どんな立派なレストランで食事をしても味気なかった。欲しいものを注文すると、それがすぐにテーブルに運ばれる。それがどうも面白くなかったのである。

食事はもとより、現代の便利な社会では、もう探すということがほとんどなくなってしまった。金さえ出せば欲しいものはすぐ手に入る。いや、欲しいと思うより先に、こんなものが欲しいでしょうと言って、向こうから持ってきてくれるのだ。その中で最もたるものが、情報であろう。見たくない、聞きたくない、知りたくないと言っても情報は次から次へと私たちに提供される。こうした中で本というものも、ついに情報の一つのようになってしまった。情報社会といわれるものは多量の情報が多数の人にゆきわたる社会のことであるが、もう一つの重大な特質は、あらゆるものが情報化されるということである。(中略) このようにファッションまでが情報化される世の中なのであるから書物が情報化されるのは当然であろう。本の中でも実用書といわれるものは、もともと情報に違いないのだが、教養書と呼ばれる書物でさえもが、次第に情報的な性格を帯び情報として取り扱われるようになってきた。つまり単なる情報のように読まれ、そして次々に捨てられてゆくのである。情報社会は、まず、知恵を知識へ変えた。ついで知識を情報に変える。情報化とは人間にとって何より大切な知恵がついには情報になり下がるのである。

だが、自分にとって大切な一冊を探すということは、逆に数限りない情報の中から知識を求め、求めた知識をさらに知恵にまで引き上げようとする作業ではないか。つまり、無数の石ころの中隠れている玉を探しだすことであり、それを自分の本棚に飾って折にふれては取り出し磨いていれば、石ころとまがうその玉は次第に光り出すだろう。本を探す楽しみはそこにあり、本を読む喜びはそこにある。

（森本哲郎『読書の旅』講談社による）

（注1）飢餓：食べ物がなくて飢えること

（注2）ありつける：求めていたものをやっとの思いで手に入れる

（注3）味気ない：物事に味わいや面白みや張り合いなどが感じられず、つまらないさま

（注4）ゆきわたる：広い範囲にもれなく届く。隅々まで及ぶ

（注5）なり下がる：地位・財産などを失う

（注6）数限りない：数えられないほど多い

（注7）石ころ：小さな石。小石

（注8）まがう：よく似ていて間違える

69 それがどうも面白くなかったとあるがその理由は何か。

1 立派なレストランの食事と比較するとサハラの食事は美味しくなかったから

2 サハラではいつも空腹で一日一食しか満足できる食事ができなかったから

3 探さなくても欲しい物がすぐに手に入ることにつまらなさを感じたから

4 立派なレストランは注文すればすぐに出てくるが味は薄かったから

70 教養書とはどのようなものか。

1 ファッションを情報化して書かれたもの

2 人間にとって大切な知恵が書かれたもの

3 作者の想像力に基づいて書かれたもの

4 主に実用書の中で情報について書かれたもの

71 そことは何か。

1 情報の中から知識を求め、それを知恵にまで引き上げること

2 世界中にある無数の石の中から変な形の石をさがし出すこと

3 自分の家にある本棚を整理し、全ての本をきれいに磨くこと

4 拾ってきた石を毎日磨いて自分の本棚に飾ること

問題14　次のページは、アボカドの育て方の説明書である。下の問いに対する答えとして最もよいものを、１・２・３・4から一つ選びなさい。

72　アボカドを種から育てようと思っている。水のやり方として最も適切な方法はどれか。

1　種から芽が出るまで土に毎日水をやる。芽が出て大きな植木鉢に植え替えた後も花が咲くまでは毎日水をやって、花が咲いてからは水を与えない。

2　種から芽が出るまで毎日水を交換する。芽が出て大きな植木鉢に植え替えた後、花が咲くまで毎日、水と肥料をやり、花が咲いた後も毎日水と肥料を与える。

3　種から芽が出るまで毎日水を交換する。芽が出て大きな植木鉢に植え替えた後、花が咲くまでは土が乾いてから水をやり、花が咲いてからは毎日水をやる。

4　種から芽が出るまであまり水をやらない。芽が出て大きな植木鉢に植え替えた後、花が咲き終わるまでは土が乾いてから水をやる。

73　２年間、同じ鉢で育てて大きくなったアボカドを植え替えようと思っている。次のうち最も適切なやり方はどれか。

1　新しい鉢の底に肥料、その上から軽い石を入れる → 土を入れる → 根についた土を落とさないように前の鉢からアボカドを抜いて植える

2　新しい鉢の底に小石を置き、肥料を入れる → 土を入れる → 根についた土を落とさないように前の鉢からアボカドを抜いて植える

3　新しい鉢の底に小石を置き、土を入れる → 根についた土を落とさないように前の鉢からアボカドを抜いて植える → 肥料を入れる

4　新しい鉢の底に小石を置き、肥料を入れる → 根についた土を落とさないように前の鉢からアボカドを抜いて植える → 土を入れる

アボカドを育ててみよう！

アボカドは主に中央アメリカやメキシコで栽培されている植物です。森のバターと呼ばれるほど脂肪分が多く、様々な栄養素も豊富に含まれています。

アボカドを種から育てるには

　アボカドの種に芽を出させるには２０度以上の温度が必要とされているため、５～９月ごろに準備を始めましょう。種の尖っている方を上に向け、水のみを入れた容器に入れます。種の３分の１が水につかるようにして日当たりのいい場所に置いてください。容器の水は毎日取り替えます。順調にいけば一ヶ月ほどで芽が出ます。

芽が出たら

　芽が出たアボカドからしっかり根が出ているのを確認してから、大きめの植木鉢を用意して植え替えます。あらかじめ植木鉢の底に小さな石をひいてその上に肥料を入れておきます。植え替える時は伸びた根を傷つけないように注意してください。植え替えてから優しく根の上に土をかぶせましょう。その後、一週間に一回は、肥料を与えてください。水のやりすぎもいけませんが、アボカドは乾燥に弱いので土栽培になったら土の表面が乾いたタイミングで水を与えて水を切らさないようにしてください。

成長したら

　成長の早いアボカドは２年に一度を目安にさらに植え替えをします。アボカドを鉢から抜く時は根についた土を落とさないようにし、土がついたまま植え替えてください。植木鉢の中の構造は芽が出たときに植え替えた植木鉢と同じように準備してください。植え替え時期は５～６月頃がベストです。一回り大きめの深い植木鉢を用意して植え替えるといいでしょう。

収穫するまで

　アボカドは春になると黄色い花が咲くので、実をつけたい場合は受粉させましょう。花が咲いてる間は毎日水を与えます。しかし花が咲いた後は肥料を与える必要はありません。収穫時期は１１月～１２月頃です。木で熟してから収穫するのが良いですが収穫した時にまだ硬かった場合は１～２週間待って柔らかくなってから召しあがってください。

N2

聴解

（50分）

問題 1

　問題 1 では、まず質問を聞いてください。それから話を聞いて、問題用紙の 1 から 4 の中から、最もよいものを一つ選んでください。

例

1　先生にメールで聞く

2　友達にメールで聞く

3　研究室の前のけいじを見る

4　りょうの前のけいじを見る

1番

1 冷蔵庫の掃除をする

2 牛乳の確認をする

3 牛乳を買いに行く

4 郵便局に行く

2番

1 彼女の雰囲気に合ったゴージャスなネックレス

2 仕事に合わせた派手すぎないリング

3 彼女が好きそうなシンプルなネックレス

4 普段の気分を変えられるようなリング

3番

1 焼き肉屋に予約の電話をする

2 ぎりの父に電話して好きなものを聞く

3 家でしゃぶしゃぶを用意する

4 ネットでおすしのお店を調べる

4番

1 はなたば

2 ゆびわ

3 はさみ

4 プレゼント

5番

1 メールを送る

2 会議に出席する

3 説明を受ける

4 資料を作る

問題2

　問題2では、まず質問を聞いてください。そのあと、問題用紙のせんたくしを読んでください。読む時間があります。それから話を聞いて、問題用紙の1から4の中から、最もよいものを一つ選んでください。

例

1　友達とけんかしたから

2　かみがたが気に入らないから

3　試験があるから

4　頭が痛いから

1番

1　セールの日だったから

2　学生の客が多かったから

3　暑い日だったから

4　近くで運動会があったから

2番

1　インフルエンザの予防せっしゅを受けたから

2　ビタミンの多いしょくざいを食べているから

3　十分なすいみんをとっているから

4　てあらいやマスクをしているから

3番

1 きんきゅうのニュースを放送したから

2 野球の試合を最後まで放送したから

3 はいゆうが事故で入院しているから

4 ドラマのしゅつえんしゃにはんざいしゃがいるから

4番

1 迷惑をかけたどうりょうに謝らなかったから

2 コーヒーをこぼしてむだにしてしまったから

3 ぶつかったお客さんに謝らなかったから

4 店長に失敗を報告しなかったから

5番

1 アドバイスが欲しいから

2 かいけつさくが知りたいから

3 怒ってほしいから

4 きょうかんしてほしいから

6番

1 勉強が大変だから

2 コーチが怖いから

3 上手にならないから

4 水泳が嫌いになったから

問題3

問題3では、問題用紙に何も印刷されていません。この問題は、全体としてどんな内容かを聞く問題です。話の前に質問はありません。まず話を聞いてください。それから、質問とせんたくしを聞いて、1から4の中から、最もよいものを一つ選んでください。

－ メモ －

問題4

問題4では、問題用紙に何も印刷されていません。まず文を聞いてください。それから、それに対する返事を聞いて、1から3の中から、最もよいものを一つ選んでください。

－ メモ －

問題5

問題5では、長めの話を聞きます。この問題には練習はありません。問題用紙にメモをとってもかまいません。

1番、2番

問題用紙に何も印刷されていません。まず話を聞いてください。それから、質問とせんたくしを聞いて、1から4の中から、最もよいものを一つ選んでください。

－ メモ －

3番

　まず話を聞いてください。それから、二つの質問を聞いて、それぞれ問題用紙の1から4の中から、最もよいものを一つ選んでください。

質問1

1　トマト

2　ネギ

3　ピーマン

4　もやし

質問2

1　トマト

2　ネギ

3　ピーマン

4　もやし

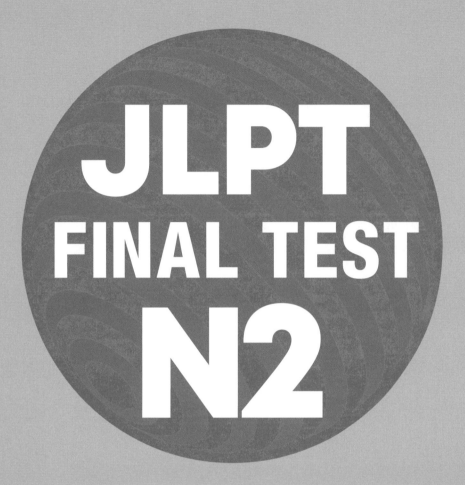

JLPT FINAL TEST N2

파이널 테스트 **3회**

파이널 테스트 채점표

자신의 실력이 어느 정도인지 확인할 수 있도록 임의적으로 만든 채점표입니다.
실제 시험은 상대 평가 방식이므로 오차가 발생할 수 있습니다.

언어지식 (문자·어휘·문법)

	3회	배점	만점	정답 문항 수	점수
문자·어휘	문제 1	1점×5문항	5		
	문제 2	1점×5문항	5		
	문제 3	1점×3문항	3		
	문제 4	1점×7문항	7		
	문제 5	1점×5문항	5		
	문제 6	1점×5문항	5		
문법	문제 7	1점×12문항	12		
	문제 8	1점×5문항	5		
	문제 9	2점×5문항	10		
	합계		57점		

*점수 계산법 : (언어지식(문자·어휘·문법) [   ]점÷57)×60 = [   ]점

독해

	3회	배점	만점	정답 문항 수	점수
독해	문제 10	2점×5문항	10		
	문제 11	3점×9문항	27		
	문제 12	3점×2문항	6		
	문제 13	3점×3문항	9		
	문제 14	3점×2문항	6		
	합계		58점		

*점수 계산법 : (독해 [   ]점÷58)×60 = [   ]점

청해

	3회	배점	만점	정답 문항 수	점수
청해	문제 1	2점×5문항	10		
	문제 2	2점×6문항	12		
	문제 3	3점×5문항	15		
	문제 4	1점×11문항	11		
	문제 5	3점×4문항	12		
	합계		60점		

*점수 계산법 : (청해 [   ]점÷60)×60 = [   ]점

N2

言語知識(文子・語彙・文法)・読解

（105分）

受験番号　Examinee Registration Number	

名　前　Name	

問題1 _____の言葉の読み方として最もよいものを、1・2・3・4から一つ選びなさい。

1　最近、子犬を飼い始めたので、予防接種をしなければならない。

    1　せっしゅ　　　　2　せっちゅ　　　　3　せつちょ　　　　4　せつしょ

2　彼は肝臓が悪いのでお酒を飲ではいけません。

    1　かんじょう　　　2　かんそう　　　　3　かんぞう　　　　4　がんじょう

3　私の祖母は方言を使うので、時々聞き取れないことがある。

    1　ほうけん　　　　2　ほうげん　　　　3　かたごん　　　　4　かたこと

4　彼女は手先が器用なので、裁縫（さいほう）が得意です。

    1　しゅさき　　　　2　しゅせん　　　　3　てせん　　　　　4　てさき

5　京都には古い家屋がまだ現存している。

    1　かや　　　　　　2　いえや　　　　　3　かおく　　　　　4　いえおく

問題2 _____の言葉を漢字で書くとき、最もよいものを1・2・3・4から一つ選びなさい。

[6] 恥ずかしがらずに自分の意見を<u>のべて</u>ください。

　　1　述べて　　　　　2　読べて　　　　　3　込べて　　　　　4　訳べて

[7] 携帯に保存している要らない写真を<u>さくじょ</u>した。

　　1　掃除　　　　　2　省除　　　　　3　割除　　　　　4　削除

[8] やはりガラスのネックレスはダイヤモンドに比べると輝きが<u>おとって</u>いる。

　　1　負って　　　　　2　否って　　　　　3　落って　　　　　4　劣って

[9] 重いものを入れ過ぎて買い物袋が<u>やぶれて</u>しまった。

　　1　割れて　　　　　2　破れて　　　　　3　敗れて　　　　　4　削れて

[10] 地震などの災害に<u>そなえて</u>、保存食を準備しておいた。

　　1　蓄えて　　　　　2　貯えて　　　　　3　備えて　　　　　4　準えて

問題3　（　　　）に入れるのに最もよいものを、1・2・3・4から一つ選びなさい。

11　どのテレビ局を見ても（　　　）ニュースは新型ウイルスのことだった。

　　1　ネット　　　　　2　ジャンル　　　　3　トップ　　　　4　キー

12　現代社会の深刻な問題の一つに小企業の働き（　　　）が不足していることがある。

　　1　家　　　　　　2　手　　　　　　　3　人　　　　　　4　口

13　この割引クーポン券は期限（　　　）で、使用できません。

　　1　終え　　　　　2　越え　　　　　　3　薄れ　　　　　4　切れ

3
回

問題4 （　　　　）に入れるのに最もよいものを、1・2・3・4から一つ選びなさい。

14 今回のミスは（　　　　）彼の責任です。

    1　あきらかに   2　さわやかに   3　なごやかに   4　すみやかに

15 今年のバレンタインチョコは既婚女性を（　　　　）とした商品が多い。

    1　ユニーク   2　ベスト   3　ターゲット   4　オリジナル

16 待ち合わせの時間より早く着いたのでカフェで時間を（　　　　）。

    1　たべた   2　くずした   3　のんだ   4　つぶした

17 私の家は海に（　　　　）ので、風が強い。

    1　当たっている   2　面している

    3　突き当たっている   4　突き破っている

18 （　　　　）変化する世の中についていけない。

    1　めまぐるしく   2　たのもしく   3　よわよわしく   4　うらやましく

19 最近、妹に彼氏ができたようで受験勉強が（　　　　）になっている。

    1　そまつ   2　でたらめ   3　もったいない   4　おろそか

20 最近の彼は、宝くじにでも当たったのかと思うほど（　　　　）生活をしている。

    1　まずしい   2　質素な   3　ぜいたくな   4　まぶしい

問題5　＿＿＿＿の言葉に意味が最も近いものを、１・２・３・４から一つ選びなさい。

21　子犬の体重は<u>およそ</u>５００グラムでした。

　　1　ぴったり　　　　2　ぜんぶで　　　　3　だいたい　　　　4　おおくて

22　来週の遠足は<u>山のふもと</u>にあるキャンプ場に行く予定です。

　　1　山の上のほう　　2　山の中間　　　　3　山の下のほう　　4　山の反対側

23　足が痛かったので氷で冷やしたら<u>かえって</u>悪くなってしまった。

　　1　逆に　　　　　　2　ずっと　　　　　3　どうも　　　　　4　やっぱり

24　先月デビューした新人アイドルは<u>たちまち</u>人気者<ruby>人気者<rt>にん き もの</rt></ruby>になった。

　　1　少しずつ　　　　2　とうとう　　　　3　いつの間にか　　4　あっという間に

25　映画のラストシーンに<u>胸を打たれた</u>。

　　1　がっかりした　　2　感動した　　　　3　びっくりした　　4　傷つけられた

問題6　次の言葉の使い方として最もよいものを、１・２・３・４から一つ選びなさい。

26　ぼろぼろ

1　雪が降った後の汚い道を走ったので車がぼろぼろになった。

2　美容院でトリートメントまでしてもらったので髪がぼろぼろだ。

3　今日の夕食は天ぷらだったので、口が油でぼろぼろになった。

4　３年間着たニットがぼろぼろになったので新しい物に買い替えた。

27　普及

1　ドラマの共演者同士が付き合っているというスキャンダルが普及した。

2　私は途上国に水を普及させるためのボランティアをしている。

3　最近、若者の間でバナナジュースが普及しているらしい。

4　昨日、公開された話題の映画は一日で全国に普及された。

28　拡張

1　社長によると海外進出をして事業規模を拡張するらしい。

2　台風が勢力を拡張して、日本列島に近づいてきている。

3　目が悪くなってきているので新聞の文字を虫眼鏡で拡張して読んだ。

4　この地域は都市から近く、土地も安いので人口が拡張している。

29　済む

1　楽しかった夏休みがもう済んでしまった。

2　彼は恋人との関係が済んでしまって落ち込んでいる。

3　私の気が済まないので、お茶でも一杯おごらせてください。

4　映画の上映が済んだので、映画館から人がたくさん出てきた。

30 交代

1 今日は、他校との野球の<u>交代</u>試合が行われる。

2 誰か、千円札を１００円玉 10 枚に<u>交代</u>してくれませんか。

3 拾ってきた犬の世話を妹と<u>交代</u>でみることにした。

4 トイレの電球がつかなくなったので新しいものに<u>交代</u>した。

問題7 次の文の（　　　　）に入れるのに最もよいものを、1・2・3・4から一つ選びなさい。

31 キム先生の（　　　）、韓国語が話せるようになりました。

　　1 せいで　　　　　2 おかげで　　　　3 わりに　　　　4 くせに

32 映画館の中では携帯を使う（　　　）。

　　1 ものではない　　2 どころではない　3 わけではない　　4 はずではない

33 この前は辞書を貸してくれてありがとう。机の上に置い（　　　）よ。

　　1 ていい　　　　　2 てある　　　　　3 ておく　　　　4 てくる

34 果物や野菜はいくらきれいに見えても、農薬が残っているかもしれないからよく

　　洗って（　　　）食べてはいけない。

　　1 ないと　　　　　2 からでないと　　3 ばかり　　　　4 だけでも

35 新学期に入ってから、英語の授業は難しくなる（　　　）。

　　1 はずがない　　　2 しかない　　　　3 ことはない　　4 一方だ

36 橋本「あそこで遊んでいる女の子、5歳くらいかな」

　　井上「5歳（　　　）小さいんじゃない？ 3歳くらいだと思うよ」

　　1 にかわって　　　2 にしては　　　　3 にすぎない　　4 に限らず

37 こんなに待っても来ないんだから、今日はもう（　　　）。もう帰ろう。

　　1 来る　　　　　　2 来るはずだ　　　3 来ようとする　4 来そうにない

38 息子が生まれた時、（　　　）嬉しかったことか。

　　1 こんなに　　　　2 そんなに　　　　3 あんなに　　　4 どんなに

39 新しくできた洋菓子店のケーキを食べてみたが、高い（　　　　）味は今一つだった。

1　わりに　　　　　2　ながら　　　　　3　あげく　　　　　4　たびに

40 このホテルの従業員の気配りは素晴らしい。やはり５つ星ホテル（　　　　）。

1　ぐらいのことだ　　　　　　　　2　ようがない

3　だけのことはある　　　　　　　4　わけにはいかない

41 一生（　　　　）運動選手を仕事にすることは難しいことだ。

1　にとって　　　　2　によって　　　　3　につれて　　　　4　にわたって

42 私の夫は美容院を経営しているので、月曜日（　　　　）毎日働いています。

1　に比べて　　　　2　に反して　　　　3　をのぞいて　　　　4　を通して

問題8　次の文の＿＿＿★＿＿＿に入る最もよいものを、1・2・3・4から一つ選びなさい。

（問題例）

あそこで　＿＿＿　＿＿＿　★　＿＿＿　は山田さんです。

1　テレビ　　2　見ている　　3　を　　4　人

（解答の仕方）

1．正しい文はこうです。

あそこで　＿＿＿＿＿　＿＿＿＿＿　＿＿★＿＿　＿＿＿＿＿　は山田さんです。
　　　　　　1 テレビ　　　3 を　　　2 見ている　　　4 人

2．＿★＿に入る番号を解答用紙にマークします。

（解答用紙）　　（例）　①●③④

43　早く帰った方がいいよ。お母さんがどんなに＿＿＿＿＿　＿＿★＿＿　＿＿＿＿＿

＿＿＿＿＿。

1　ことか　　　　　2　を　　　　　　3　あなたの帰り　4　待っている

44　どんなに車が欲しくても＿＿＿＿＿　＿＿＿＿＿　＿＿★＿＿　＿＿＿＿＿思わない。

1　とは　　　　　　2　買おう　　　　3　して　　　　　4　借金まで

45 私の父は、趣味でテニスを ＿＿＿＿＿ ＿＿＿＿＿ ＿＿★＿＿ ＿＿＿＿＿ ようだ。

1　たまらない　　　2　ばかりで　　　3　楽しくて　　　4　始めた

46 風邪は昨日より ＿＿＿＿＿ ＿＿★＿＿ ＿＿＿＿＿ ＿＿＿＿＿ 治ったわけでは

ありません。

1　ましですが　　　2　ことは　　　3　ましな　　　4　すっかり

47 花屋で ＿＿＿＿＿ ＿＿＿＿＿ ＿＿★＿＿ ＿＿＿＿＿ 詳しい。

1　清水さんは　　　2　働いていた　　　3　花に　　　4　だけあって

問題9　次の文を読んで、文章全体の内容を考えて、　48　から　52　の中に入る最もよいものを、1・2・3・4から一つ選びなさい。

にぎりずし

　多くの人が和食といえば「すし」をイメージするだろう。一口にすしとは言っても「はこずし」「おしずし」「ちらしずし」など様々な種類があり、地域によっても異なる。その中でも現在、一般的によく食べられている「にぎりずし」はどのように生まれたのだろうか。「にぎりずし」の誕生には諸説あるが、一番有力なのは江戸時代にまで遡る。江戸で流行していた屋台から握ったらすぐに食べられる「にぎりずし」が生まれ、江戸でとれる魚や海苔を使った　48　「江戸前寿司」と呼ばれるようになった。江戸の人は何か　49　せっかちで時間がかからないものが好きだったので、すしも人気だったという。江戸の人　50　すしは現代で言うファーストフードのようなもの　51　。

　すしの語源は酢を混ぜた飯で「酢飯(すめし)」からきており、　52　「め」がなくなり、「すし」と呼ばれるようになった。現在一般的に使われている「寿司」という漢字は縁起がいいものという意味の漢字で、お祝いの時に食べるものという意味もある。だから、寿司は今でも日本の祝い事に欠かせない存在になったのだろう。

48

　　　1　ように　　　　2　ことから　　　3　くらい　　　　4　くせに

49

　　　1　にしては　　　2　に限らず　　　3　につけ　　　　4　にも関わらず

50

1　のように　　　　2　のほどに　　　　3　とすれば　　　　4　にすれば

51

1　だけのことはある　　　　　　2　にこしたことはない

3　でもさしつかえない　　　　　　4　だったにちがいない

52

1　思いきって　　　　2　せっかく　　　　3　いつの間にか　　　4　前もって

問題10　次の(1)から(5)の文章を読んで、後の問いに対する答えとして最もよいものを、1・2・3・4から一つ選びなさい。

（1）

　登山をすれば、のどが渇きます。エネルギーを使うので、ジュースが飲みたくなる人も増えるでしょう。つまり山の上のほうでは、ジュースの需要が高まると考えられます。こんなとき、どうしても飲みたい人は、多少値段が高くても、がまんできずに買ってしまいます。山の上のジュースは「運ぶのにお金がかかるから高い」のと同時に、「需要が高くて高い値段で売れるから、運ぶのにお金がかかっても山の上で売る」とも考えられるわけです。だから高い値段で売り買いされます。

（泉美智子・河原和之『15歳からの経済入門』日本経済新聞出版による）

[53]　この文章で筆者が最も言いたいことは何か。

1　商品の値段を決めるのは需要と供給の関係性だ。

2　登山をすれば誰でものどが渇くので山ではジュースの人気が高い。

3　登山をする人が多いため、山のうえの品物は値段が高い。

4　山のうえの商品は高いので必要な物は家から持って行った方がいい。

（2）

20◇◇年11月7日

ペ・ユナ先生

株式会社　森川食品

人事部長　山田和子

拝啓、初冬の候、先生におかれましてはますますご活躍の趣、お慶び申し上げます。

　昨年、先生に翻訳していただきました韓国伝統食品に関する資料、非常にわかりやすかったと社員一同感謝しております。その節は本当にありがとうございました。

　さて、この度、弊社では来年1月より韓国語講座を開講することとなりました。「初級韓国語講座」と「中級韓国語講座」です。つきましては、突然のお願いで大変恐縮ではございますが、韓国語教育の分野でご活躍中のペ・ユナ先生にぜひとも講師をお願いしたくご連絡差し上げた次第です。

　なお、日程などの詳細につきましては、社内教育担当者である西川が後ほど改めてご連絡致します。

　お忙しいとは存じますが、是非お引き受けいただきたくお願い申し上げます。

54 この文章の内容に最も近いものはどれか。

1　韓国語講座の資料の翻訳を依頼している。

2　韓国語講座の資料を翻訳してもらったお礼を述べている。

3　韓国語講座を開講することを宣伝している。

4　韓国語講座を担当してもらいたいと頼んでいる。

（３）

　ある化粧品メーカーでは全国の老人ホームや障害者施設で、障害者や寝たきり老人、認知症の老人などに化粧を施したり、メイクアップの方法を教えるというボランティア活動を行っている。徳島のある老人病院でもそうした活動を行ったところ、驚くべきことが起こった。４１人いた寝たきり老人のうち、１１人のオムツがはずれたのだ。（中略）男性にも同じような話がある。通常、老人病院では男性患者と女性患者は別々の病室に入るのだが、ある病院で都合上、男女をおなじ病室にしたところ、男女共に認知症の症状が改善したケースが多かったという。また、それまで元気のなかった独居老人が老人ホームに入ったところ、そこで何十年ぶりに恋をし、すっかり元気になったという話もある。（中略）女性も男性も異性に興味があるうちは簡単にはボケないということだろう。

（平成暮らしの研究会（編）『脳をきたえる習慣術』KAWADA 夢文庫）

（注１）認知症：成人後に脳に損傷を受けることによって認知機能が低下する状態
（注２）通常：特別でなく普通の状態

55　この文章の内容として最も適切なのはどれか。

１　メイクをしながら自分の顔を見ることが認知症を防ぐ。

２　異性への興味を持ち続けることが認知症を防ぐ。

３　病室は個室より話し相手がいる大部屋の方が認知症を防げる。

４　同性との会話を楽しむことで脳が活性化し認知症が治る。

（4）

　評論文は小難しくて苦手という人もいれば、小説は筋道がはっきりしていないから読
_{（注1）} _{（注2）}

み取りにくいという人もいる。この二つ、まったく異なる種類の文章のような気がする

けれど、実は案外そっくりさんだったりする。共通するのはテーマの存在。双方ともに

筆者や作者には伝えたいテーマがある。違いが生ずるのはその伝え方なのだ。評論の方

はテーマをそのまま伝える。もちろんそう簡単には理解したり納得したりはしてもらえ

ないから比喩や具体例、あるいは実例を述べながらテーマを主張する。一方小説の方だ

が、こちらは作者が言いたいことを自分自身の口ではなく、主人公をはじめとする登場

人物の台詞や感情の中で描こうとする。そう、実はテーマの伝え方が率直か間接的かの

違いがあるに過ぎないのだ。評論が苦手な人は小説でのイベントの代わりに、比喩や具

体例が存在すると考えて読んでみよう。

　　　　　　　　　　　　　　（後藤武士『読むだけですっきりわかる国語読解力』宝島社による）

（注1）小難しい：少し難しい。ちょっと面倒だ
（注2）筋道：物事がそうなっているわけ。道理

56　この文章の内容として最も適切なのはどれか。

　1　評論文より小説に苦手意識を持っている人は多い。

　2　小説は直接的な表現で作者の意見を主張している。

　3　評論文は間接的な表現で筆者の意見を主張している。

　4　評論文と小説は表現方法は異なるが、似たもの同士だ。

（5）

　石油・石炭を燃やしてエネルギーを湯水のように浪費する文化は必ずどこかで行き詰
(注1)
まる。長く見積もっても、化石エネルギーの消費という時代は人類の歴史の中で五百年
ぐらいしか続かない。人類の歴史が過去と未来に５万年ずつあるとすると、その十万年
のうちわずか五百年の世代が地球の生態系が三十五億年の歴史をかけて蓄積した化石エ
ネルギーを使い切ってしまうのだ。これ以上のエゴイズムは考えられない。未来世代には、
化石エネルギー浪費文化の恩恵は恵まれないのだ。現在の繁栄は未来の貧窮である。この
構造に反省もなしに居座っているのが現在世界である。
(注2)

（加藤尚武『環境倫理学のすすめ』丸善による）

(注1)湯水のように：湯や水を使うように惜しげもなく、または無駄に使うこと
(注2)居座る：同じ地位、位置などにとどまって動かない

[57]　この文章で筆者が最も言いたいことは何か。

　1　現代人は化石エネルギーに代わる自然エネルギーの開発を進めなければならない。

　2　化石エネルギーはこの先もずっと作り続けられるので永遠に使用することがで
　　　きる。

　3　現在の世代が化石エネルギーを浪費することによって、未来世代は生活に困る
　　　だろう。

　4　現在世代は未来世代とのエネルギーの取り合いに勝たなければならない。

問題11　次の(1)から(3)の文章を読んで、後の問いに対する答えとして最もよいものを、1・2・3・4から一つ選びなさい。

（1）

　ヤポネシアは広い。大陸と呼ばれるヨーロッパも緯度で言うならひとなみなのである。経度、つまり東西の幅は若干狭いが、もしこの逆であったら大変だ。気候の差はあまりないにしろ、時差が激しくなる。たいして面積のない同じ国の中でいく通りもの時間が存在することになり、煩雑になるだろう。南北に長くて気候が激しいということは、風土の襞が深くて、風景にも変化があるということだ。人々の暮らしむきが様々であるということだ。したがって、旅をするにはおもしろいことになる。

　情報が東京に集中し、東京で決められた規格で全国的に街づくりが行われている今日この頃である。新幹線の駅に降りても、駅名の看板を見なければ、今どこにいるのかわからなくなりそうなほどである。しかしながら丹念に旅行をしてみるとまだまだ日本は深い。ヤポネシアは元気なのである。風土に培われた差異はテレビの電波だけでは消せないものがある。風土に立っている人の精神に映る風景の中に旅すること。これがどんなに楽しいか、旅を繰り返した果てに見えてくるものがある。旅はいよいよ楽しくなる。旅は繰り返せば繰り返すほど楽しくなるのだ。

（立松和平『僕は旅で生まれ変わる』PHP 研究所による）

（注1）ひとなみ：世間一般の人と同じ程度であること。またそのさま
（注2）煩雑：込み入ってわずらわしいこと
（注3）風土の襞が深い：土地のありさまが多様である
（注4）暮らしむき：生活のようす。家計の状態
（注5）丹念に：細かいところまで注意を払うこと。心を込めて丁寧に行うこと
（注6）培われた：大切に養い育てる

58 <u>ヤポネシアは広い</u>とあるが、どのように広いのか。

1 北の端から南の端まで結構な距離がある。

2 東西の幅が長く、同じ国の中で時差がある。

3 経度の差が激しく、気候の差が激しい。

4 国の面積が東西南北問わず、全体的に大きい。

59 この文章でのヤポネシアとは何か。

1 ヨーロッパ

2 日本列島

3 東京都

4 未発見の国

60 <u>風土に立っている人の精神に映る風景の中に旅すること</u>の意味として正しいもの

は何か。

1 その土地に住んでいた昔の人々の生活を想像しながら旅をすること

2 その土地の風景を見ながら自分の故郷を思い出しつつ旅をすること

3 その土地についてテレビで紹介されたところに行きながら旅をすること

4 その土地で生きている人が感じる風景を同じように感じながら旅をすること

（２）

　喫茶店の入り口などによく、「営業中」と書いた白いプラスチックの札がぶら下がっている。その裏には「準備中」と書いてあって、つまり閉店後には、これを裏返しにしておけばいいというわけである。「営業中」はともかく、この<u>「準備中」という言葉は、ちょっとした発明だったに違いない</u>。「本日は閉店致しました」と書いた札も、時折見かける_(注1)が、これだと閉店したその日はともかく、翌朝早々別な札に－たとえば「間もなく開店致します」_(注2)というようなものに、取り替えなければ変なことになる。

　店が閉まっているか開いているかは、扉を押してみればわかることなのであるから、こんなにいちいちこだわることはないようなものの、常時目に触れている文字というもの_(注3)は、妙に気になるものなのだ。しかし、「準備中」という言葉を使えば問題は一挙に解決する。この言葉を使えば、「閉店後」である事情と「開店前」である事情を同時に説明してしまう。もう店員のひとりが<u>そのために</u>わざわざ早起きをして「本日は閉店致しました」という札を「間もなく開店致します」という札にとりかえる必要がない。（中略）しかもこの「準備中」という言葉は内情はともあれ、間もなくやってくる「開店」のために奥では営々_(注4)として努力し続けているということを客に印象付ける。「今やってますよ。もうすぐですよ」と四六時中それはささやき続けているのであり、通りすがりの客もまた「なんとも、_(注6) _(注7)えらく商売熱心な店じゃないか」と思うことができる。つまりこの「準備中」という札をぶら下げることによって、<u>その店は客に対して積極的になった</u>のであり、もしくは積極的であるかのように見せかけることが出来るようになったのである。

（別役実『馬に乗った丹下左膳』リブロポートによる）

（注1）時折：ときどき
（注2）早々：その状態になって間もないこと
（注3）常時：ふだん。いつも
（注4）内情：内部の事情や状況
（注5）営々：せっせと。休みなく励むさま
（注6）四六時中：一日中
（注7）通りすがり：たまたまそこを通ること

61 「準備中」という言葉は、ちょっとした発明だったに違いない理由として適切なものはどれか。

1 客に今日はすでに閉店したので入店できないということを主張できるため

2 客に間もなく開店するので待っていてほしいという事情を伝えることができるため

3 客に開店前と閉店後であるという事情を二つ合わせて知らせることができるため

4 客に店が閉まっているか開いているかを扉を押して確認させることができるため

3
回

62 そのためにとは何のためか。

1 開店前に店の中を掃除するため

2 閉店の札を開店の札にかけかえるため

3 ドアに閉店と書かれた札をかけるため

4 開店準備として店の鍵を開けるため

63 その店は客に対して積極的になったとはどういうことか。

1 札をかけることで、ただ店の前を通る人々にも店の宣伝ができるようになった。

2 店員が早起きして札を変える必要がなくなり、接客に集中できるようになった。

3 営業時間外も客の見えないところで努力していることを表現できるようになった。

4 いつも見える店のドアの前に札をかけることにより、お店が注目されるようになった。

（3）

　ともかくマジメだが、何となく人に嫌われたり、うとんじられたりする人がいる。言
うこともすることもマジメで、その人の話を聞いていると「なるほど、もっとも至極」と
いうわけで反論の余地がない。もっともだと思いつつ、しかし、心のなかで妙な反撥心
が湧いてきたり、不愉快になったりしてくる。そこで何とか言ってみたいと思うものの、
相手がなにしろマジメで非の打ちどころがないのだから、それに従うことになる。ただ、
その時に残った心のもやもやが溜まってくるためもあってか、そのマジメな人をうとんじ
てしまう。ここでその人が手の付けられないマジメ人間のときは何だか自分の評判が悪そ
うだからがんばらなくてはと一層マジメになるので悪循環が生じてしまう。

　欧米人、特にアメリカ人と付き合うと冗談が好きなことに驚いてしまう。また逆に彼
らから言わせると、日本人はユーモアセンスがないということで評判が悪い。今後日本
人も国際性をそなえていかなければならないが、この点についても考えてみる必要があ
るようだ。アメリカでは烈しく相手を攻撃する代わりに相手の言い分も十分に聞こうと
する態度がある。それに対して日本的マジメはマジメの側が正しいと決まりきっていて、
悪い方はただあやまるしかない。マジメな人は住んでいる世界を狭く限定してその中で
マジメにやっているので、相手の世界まで心を開いて対話してゆく余裕がないのである。
これに対して欧米人の場合は、自分がどんなに正しいと信じていても相手の言い分を十分
に聞かねばならないという態度がある。ぶつかりは烈しくなるが相手に対して心をひらく
だけの余裕があり、余裕のなかからユーモアが生まれてくるのだ。

（河合隼雄『こころの処方箋』新潮社による）

　（注1）うとんじる：嫌がって遠ざける。うとむ
　（注2）もっとも至極：全く道理にかなっていてうなずけること
　（注3）非の打ちどころがない：少しの欠点もなく、完全で非難するところがない
　（注4）もやもや：心にわだかまりがあってさっぱりしないさま
　（注5）手の付けられない：処置のしようがない

64 筆者が考える<u>マジメ</u>とはどのようなものか。

1　融通が利かない。

2　誠実で責任感がある。

3　わがままだ。

4　性格が悪い。

65 <u>この点</u>とは何のことか。

1　アメリカでは相手を攻撃する代わりに相手の話をよく聞く点

2　欧米人から日本人は人を和ませる笑いのセンスがないと言われる点

3　アメリカ人はユーモアがあって考え方が柔軟で賢い点

4　日本人は国際性を育てていかなければならない点

66 この文章の内容として最も適切なものはどれか。

1　日本人が会話にユーモアを持ち込まないのは、相手に対して失礼だと考えるからだ。

2　欧米人はユーモアを重要視しつつ、相手の意見を一方的に否定する傾向がある。

3　日本のマジメな人は自分の世界が狭く、相手に心を開いて話す余裕を持っていない。

4　アメリカではマジメな話をしようとしてもユーモアが入ってマジメな話ができない。

問題12　次のＡとＢの文章を読んで、後の問いに対する答えとして最もよいものを、
　　　　1・2・3・4から一つ選びなさい。

Ａ

　現代社会では多様な職業があり、働く時間も様々です。そのため人によっては食事
をとる時間も十分ではない時があります。そんな人々に人気なのがサプリメントです。
サプリメントは手軽に飲め、体型維持や栄養素の効率的な摂取ができるので、忙しい
現代人にとってはいい事ばかりなのです。

　しかし、中にはサプリメントを飲むことに反対する人もいます。確かに、サプリメ
ントのとり過ぎによる副作用には気を付けなければなりません。ですが、正しい知識
のもとサプリメントをとれば、危険性はないのです。ちょっと体調が悪いけど、病院
に行くほどではないという時、また、病気で食べものが食べられない時、我慢して体
調が悪化するよりもサプリメントを飲んで少しでも体調がよくなるのなら飲んだ方が
いいと思いませんか。

Ｂ

　ビタミンやミネラルなど、種類が豊富で携帯にも便利。また、サプリメントには安
いものも多いので食費をかけることなく安価で栄養補給できます。さらに、忙しくて
ファーストフードや簡単な食事ばかりしていて野菜不足の人にはサプリメントは便利
なものかもしれません。しかし、サプリメントに頼って食事をまったくしないのは問
題です。食事をとらないことで噛む力が低下する可能性があるからです。食べ物を噛
むということは胃の中の消化を助ける働きや脳への刺激など、人間にとって重要な役
割を担っています。さらに、サプリメントは種類によって適量も違いますし、間違っ
た知識で健康被害がでる可能性もあるのです。人間にとって栄養は本来食事から摂取
するものです。人工的に作られたサプリメントを使用する前に、まずは毎日とる食品
から栄養バランスのよい食事を心がけ、食事内容を見直したうえでサプリメントを飲
むことをお勧めします。

（注1）摂取：栄養物などを体内に取り入れること
（注2）食費をかける：食事にお金を使う
（注3）安価：値段の安いこと

67 サプリメントへの説明として最も適切なものはどれか。

1 サプリメントは病気の治療を目的としている。

2 高価なサプリメントほど健康効果は高くなる。

3 病院の薬を飲むよりサプリメントを摂った方が健康的だ。

4 サプリメントの副作用は摂る人の意識次第で防ぐことができる。

68 AとBにはどのような内容が書かれているか。

1 AもBもサプリメントの有効成分について述べている。

2 AもBもサプリメントの副作用と症状について紹介している。

3 Aはサプリメントを飲むことに賛成し、Bはサプリメントを飲むことに反対している。

4 Aはサプリメントの長所について、Bは短所について述べている。

3回

問題13 次の文章を読んで、後の問いに対する答えとして最もよいものを、1・2・3・4から一つ選びなさい。

　七年くらい前になるだろうか。いつものようにオーケストラをバッグに私がその時演奏した曲はラロのスペイン交響曲_(注1)だった。非常に情熱的な感情とすすり泣くような感情、この両面を持ち合わせるこの曲が私はとても好きで弾いている。人間の感情の起伏_(き ふく)をラロという作曲家は包み隠さずオープンに表現する。それは、どうしても解くことのできない深い悩みを遠い空に向かって叫んでいるような曲だといつも思いながら私は演奏する。声が枯れるほど叫んだあとのような虚脱感_(きょだつかん)に身をおいてステージの上で深く頭を下げているとき、客席から花束を抱えた女性が歩いてきた。

　二十歳くらいのその女性はかすかに微笑みを浮かべて花束を差し出しながら何か言ったようだった。しかしそれが小さな声だったので拍手の音にかき消_{(注2)(け)}され、彼女が何を言ったか聞き返すこともせず、ただ、彼女を「きれいな人」だと思った。<u>これ</u>はいつもあるような演奏後のひとこまにすぎなかったはずだった。が、そうではなかった、と知ったのは楽屋_{(がくや)(注3)}に入り、楽器をケースにしまってからだった。何気なく花束に目をやったとき、そこに挟まれている紙片_{(注5)(し へん)}に気が付いた。カードや手紙のようなきちんとしたものでなく、明らかにそれは「紙の切れ端_{(注6)(き)(はし)}」といったものだった。不思議に思い、急いで手にとると走り書きの文字が無造作_{(注8)(む ぞう さ)}な紙面を覆っていた。読み返すようにしながら解読した文面_{(注9)(ぶんめん)}に思いがけない衝撃を覚えた。「千住さん、いま四楽章を聞いているところです。千住さん、ありがとう。生きることの素晴らしさを知りました。千住さんが演奏するのを聞いて生きる勇気が湧いてきました。私も千住さんに負けないように一生懸命生きてみます。」

　私は何度も何度も文字を目で追った。紙片を持つ手が小刻_{(注10)(こきざ)}みに震え始めた。周りの音が聞こえなくなるほど頭の中が真空状態になった。「どうしよう。」ただ浮かぶのはそんな単語ばかりであった。<u>この時</u>ほど、演奏家というものが、なんだかとても大変なもののように感じたことはなかった。もっと崇高_(すうこう)な気持ちで演奏しなければならない、もっと大切に音を出そう、人の心に響く命ある音を出すヴァイオリニストでなくてはいけない…。

　しばらくの間、高ぶる心を抑えることができなかった。

（千住真理子『生命が音になるとき』オーム社による）

（注1）ラロ：エドゥアール・ラロ。フランスの作曲家

（注2）かき消す：すっかり消す

（注3）ひとこま：ひと続きの事柄の中の一場面

（注4）楽屋：劇場などの舞台の裏にあって出演者が支度をしたり休息したりする部屋

（注5）紙片：紙きれ

（注6）紙の切れ端：紙の必要な部分を切り取った残りの小片

（注7）走り書き：筆を走らせて急いで書くこと。また、その書いたもの

（注8）無造作：念入りでないこと。また、そのさま

（注9）文面：手紙の文章。また、その表現が示している趣旨

（注10）小刻みに：間隔を短くして素早く同じ動作を繰り返すこと

69 <u>これ</u>とは何のことか。

1 曲のイメージを想像しながら演奏すること

2 ステージの上で深く頭を下げたこと

3 演奏後に客から花束をもらったこと

4 きれいな人が拍手してくれたこと

70 <u>この時</u>とはいつか。

1 花束の中にあった紙片を見つけたとき

2 花束に添えられた紙の文面を見たとき

3 演奏が終わって花束をもらったとき

4 楽屋に入って楽器をしまったとき

71 筆者の考えとして最も適切なものはどれか。

1 演奏家としての限界を感じ、演奏家としての未来を諦めようとしている。

2 音楽関係者としか交流がなかったことに後悔し、様々な人と交流していこうと思っている。

3 演奏家の苦労を知り、これ以上演奏家を続けることはできないと思っている。

4 演奏を通して人を感動させることができることを知り、もっと努力しようと思っている。

問題14 次のページは、梅山市の保育所などの申し込み案内である。下の問いに対する答えとして最もよいものを、1・2・3・4から一つ選びなさい。

72　今年満2歳の子供がいる主婦が、来週からパートで一日3時間、週5日働くことになった。一日、何時間、子供を預けることができるか。

1　4時間

2　5時間

3　8時間

4　11時間

73　文章の内容として正しいのはどれか。

1　全ての施設において長期休暇中は利用できない。

2　出産後4か月間は子供を預けることができる。

3　午後5時15分以降の申し込みは受け付けない。

4　求職期間中は最低でも4時間は預けることができる。

梅山市 保育所などの申し込み案内

1 施設について

○ 保育所：「保育が必要な事由」に該当し、保護者に代わって保育を行う施設。
○ 幼稚園：「保育が必要な事由」の有無に関わらず利用できる。
○ こども園：幼稚園と保育園の両方の機能を併せ持つ。教育及び保育を一体的に行う施設。

	保育所	幼稚園	こども園
利用可能年齢	0歳～5歳	満3歳～5歳	0歳～5歳
入所要件	あり	なし	幼稚部：なし 保育部：あり
保育時間	11時間（標準） 8時間（短時間）	5時間程度	幼稚部：4時間程度 保育部：11時間（標準） 8時間（短時間）
利用できる日	月～土曜日	月～金曜日	月～土曜日
休日	日曜日、祝日、 年末年始	土日祝日、 春夏秋冬の長期休暇	幼稚部：土日祝日、 春夏秋冬の長期休暇 保育部：日曜日、祝日、 年末年始
給食	あり	なし	あり
申し込み先	子供政策室	各園	子供政策室

2 保育が必要な事由

要件	認定期間	保育利用時間	
		短時間	標準時間
就労	小学校就学まで	○	○ ※1
出産・妊娠	産前・産後8週ずつ	○	○
求職活動	認定日から90日に当たる月の月末まで	×	○

※1：月の就労時間が120時間未満となる場合は原則保育短時間となります。

3 申し込みスケジュール

○ 受付期間：20◇◇年11月25日（月）～12月6日（金）（※土日・祝日は受け付けません。）
○ 受付場所：梅山市役所1階子ども政策室（※幼稚園以外）
○ 受付時間：午前8時 ～ 午後5時15分（※水曜日は午後7時まで）

N2

聴解

（50分）

注　意
Notes

1. 試験が始まるまで、この問題用紙を開けないでください。
   Do not open this question booklet until the test begins.

2. この問題用紙を持って帰ることはできません。
   Do not take this question booklet with you after the test.

3. 受験番号と名前を下の欄に、受験票と同じように書いてください。
   Write your examinee registration number and name clearly in each box below as written on your test voucher.

4. この問題用紙は、全部で12ページあります。
   This question booklet has 12 pages.

5. この問題用紙にメモをとってもかまいません。
   You may make notes in this question booklet.

受験番号　Examinee Registration Number	

名　前　Name	

問題 1

　問題1では、まず質問を聞いてください。それから話を聞いて、問題用紙の1から4の中から、最もよいものを一つ選んでください。

例

1　先生にメールで聞く
2　友達にメールで聞く
3　研究室の前のけいじを見る
4　りょうの前のけいじを見る

1番

1 ほぞんしょく

2 でんち

3 水_{みず}

4 かんいようトイレ

2番

1 ホームページの更新_{こうしん}をする

2 ダイレクトメッセージを発送_{はっそう}する

3 年末_{ねんまつ}らしいかざりつけをする

4 商品_{しょうひん}のざいこを確認_{かくにん}する

3番

1 食事をする

2 ベッドで昼寝をする

3 グループに分かれる

4 体力テストを受ける

4番

1 グリル山下

2 ステーキ亭

3 サンバーガー

4 トマト屋

5番

1 飲み物を用意する

2 チキンを注文する

3 ビールを買いに行く

4 ケーキを取りに行く

問題2

　問題2では、まず質問を聞いてください。そのあと、問題用紙のせんたくしを読んでください。読む時間があります。それから話を聞いて、問題用紙の1から4の中から、最もよいものを一つ選んでください。

例

1　友達とけんかしたから

2　かみがたが気に入らないから

3　試験があるから

4　頭が痛いから

1番

1 料理は力仕事で体力が必要なため

2 味見で食べすぎて太ってしまうため

3 料理でのストレスをかいしょうさせるため

4 つねに正確なあじつけができるようにするため

2番

1 親とこうかん日記を書いているから

2 親と一緒に勉強しているから

3 ゲームするのを禁止したから

4 担任の先生がほめてくれたから

3番

1 フルーツ

2 ケーキ

3 飴^{あめ}

4 ビール

4番

1 変^かわったデザインのかばんを持^もっているから

2 昔^{むかし}の物^{もの}が家^{いえ}に残^{のこ}っているから

3 おしゃれな家^{いえ}に住^すんでいるから

4 祖父母^{そふぼ}と一緒^{いっしょ}に住^すんでいるから

5 番

1 韓国人の彼女と別れたから

2 日当たりが悪い部屋だったから

3 日本語で話すきかいを増やしたかったから

4 アパートのやちんが高かったから

6 番

1 新商品を開発する

2 安い原材料を探す

3 海外のお店を増やす

4 国内のお店を増やす

問題3

　問題3では、問題用紙に何も印刷されていません。この問題は、全体としてどんな内容かを聞く問題です。話の前に質問はありません。まず話を聞いてください。それから、質問とせんたくしを聞いて、1から4の中から、最もよいものを一つ選んでください。

－ メモ －

問題4

問題4では、問題用紙に何も印刷されていません。まず文を聞いてください。それから、それに対する返事を聞いて、1から3の中から、最もよいものを一つ選んでください。

－ メモ －

問題5

　問題5では、長めの話を聞きます。この問題には練習はありません。問題用紙にメモをとってもかまいません。

1番、2番

　問題用紙に何も印刷されていません。まず話を聞いてください。それから、質問とせんたくしを聞いて、1から4の中から、最もよいものを一つ選んでください。

－ メモ －

3番

　まず話を聞いてください。それから、二つの質問を聞いて、それぞれ問題用紙の1から4の中から、最もよいものを一つ選んでください。

質問1

1　1位のゲーム

2　2位のゲーム

3　3位のゲーム

4　4位のゲーム

質問2

1　1位のゲーム

2　2位のゲーム

3　3位のゲーム

4　4位のゲーム

JLPT FINAL TEST N2

파이널 테스트 4회

파이널 테스트 채점표

자신의 실력이 어느 정도인지 확인할 수 있도록 임의적으로 만든 채점표입니다.
실제 시험은 상대 평가 방식이므로 오차가 발생할 수 있습니다.

언어지식 (문자·어휘·문법)

	4회	배점	만점	정답 문항 수	점수
문자·어휘	문제 1	1점×5문항	5		
	문제 2	1점×5문항	5		
	문제 3	1점×3문항	3		
	문제 4	1점×7문항	7		
	문제 5	1점×5문항	5		
	문제 6	1점×5문항	5		
문법	문제 7	1점×12문항	12		
	문제 8	1점×5문항	5		
	문제 9	2점×5문항	10		
	합계		57점		

*점수 계산법 : (언어지식(문자·어휘·문법) [   ]점÷57)×60 = [   ]점

독해

	4회	배점	만점	정답 문항 수	점수
독해	문제 10	2점×5문항	10		
	문제 11	3점×9문항	27		
	문제 12	3점×2문항	6		
	문제 13	3점×3문항	9		
	문제 14	3점×2문항	6		
	합계		58점		

*점수 계산법 : (독해 [   ]점÷58)×60 = [   ]점

청해

	4회	배점	만점	정답 문항 수	점수
청해	문제 1	2점×5문항	10		
	문제 2	2점×6문항	12		
	문제 3	3점×5문항	15		
	문제 4	1점×11문항	11		
	문제 5	3점×4문항	12		
	합계		60점		

*점수 계산법 : (청해 [   ]점÷60)×60 = [   ]점

N2

言語知識(文子・語彙・文法)・読解

(105分)

受験番号　Examinee Registration Number	

名 前　Name	

問題1 ＿＿＿＿の言葉の読み方として最もよいものを、１・２・３・４から一つ選びなさい。

1 高血圧で医者から塩分を控えるように言われた。

1 しおふん　　　2 しおぶん　　　3 えんふん　　　4 えんぶん

2 彼は平社員から主任に昇格した。

1 へいしゃいん　2 べいしゃいん　3 ひらしゃいん　4 びらしゃいん

3 網で川の魚をとった。

1 ひも　　　　　2 なわ　　　　　3 あみ　　　　　4 いと

4 キムさんはオープナーでビールの栓を抜いた。

1 ふた　　　　　2 せん　　　　　3 かん　　　　　4 びん

5 私の目の前で交通事故が起きたので救急車を呼んだ。

1 おうきゅうしゃ　　　　　　　　2 きんきゅうしゃ

3 きょうきゅうしゃ　　　　　　　4 きゅうきゅうしゃ

問題2 _____の言葉を漢字で書くとき、最もよいものを１・２・３・４から一つ選びなさい。

６ 家に<u>ほけん</u>会社の人がセールスに来た。

１ 保健　　　　２ 保険　　　　３ 保研　　　　４ 保件

７ 環境に悪いのでプラスチックのストローが<u>はいし</u>された。

１ 廃止　　　　２ 排死　　　　３ 敗資　　　　４ 敗死

８ この駅の<u>かいさつ</u>口は東と西に一つずつあります。

１ 会札　　　　２ 改札　　　　３ 回礼　　　　４ 買礼

９ 仕事でわからないことがあったので隣の席の先輩に<u>たずねた</u>。

１ 伺ねた　　　２ 問ねた　　　３ 尋ねた　　　４ 訪ねた

10 パンが<u>こげて</u>しまった。

１ 焼げて　　　２ 燃げて　　　３ 焦げて　　　４ 燻げて

問題3　（　　　）に入れるのに最もよいものを、1・2・3・4から一つ選びなさい。

11　今夜の食事会には経営者や役員（　　　）の方がたくさんいらっしゃるので、失

礼のないようにしてください。

1　ランク　　　　　　2　クラス　　　　　　3　エリア　　　　　　4　レベル

12　一人暮らしをしてから生活（　　　）はアルバイトをして稼いでいる。

1　代　　　　　　　　2　賃　　　　　　　　3　費　　　　　　　　4　金

13　私はわさびが苦手なので、寿司はいつもわさび（　　　）で食べます。

1　抜き　　　　　　　2　除き　　　　　　　3　取り　　　　　　　4　欠け

4回

問題4 （　　　　）に入れるのに最もよいものを、１・２・３・４から一つ選びなさい。

14　医者に祖父の病気は（　　　　）回復に向かっていると言われた。

　　1　おだやかに　　　　2　さわやかに　　　　3　めったに　　　　4　わりに

15　怪我をしてあまり練習できなかったので、今回の試合で（　　　　）勝てるとは思ってもいませんでした。

　　1　まるで　　　　　　2　まさか　　　　　　3　きっと　　　　　4　たしか

16　（　　　　）あと、５分だけでも寝かせてください。

　　1　あえて　　　　　　2　たしか　　　　　　3　せめて　　　　　4　せいぜい

17　彼には大学受験に失敗したという（　　　　）経験がある。

　　1　しぶい　　　　　　2　からい　　　　　　3　すっぱい　　　　4　にがい

18　通勤時間なので満員電車だと思っていたら、意外にも車内は（　　　　）だった。

　　1　からから　　　　　2　がらがら　　　　　3　ばらばら　　　　4　ぼろぼろ

19　私は（　　　　）の大きい仕事がしたくて、この会社に転職した。

　　1　スケール　　　　　2　レベル　　　　　　3　サイズ　　　　　4　スター

20　彼は（　　　　）が多くて、一緒に食事をする時はいつも悩む。

　　1　知り合い　　　　　2　好き嫌い　　　　　3　付き合い　　　　4　勘違い

問題5 _____の言葉に意味が最も近いものを、1・2・3・4から一つ選びなさい。

21 この本は本当にくだらない本だった。

1 おもしろい 　　　 2 すばらしい 　　　 3 つまらない 　　　 4 しかたない

22 何となく彼らは付き合っているような気がする。

1 とうとう 　　　　　　　　　　　 2 やはり

3 はっきりと 　　　　　　　　　　 4 よくわからないが

23 今月は経済的にぎりぎりの生活をしなければならない。

1 最高の 　　　 2 裕福な 　　　 3 余裕がない 　　　 4 楽な

24 あらかじめ単語を調べておいてよかった。

1 最初に 　　　 2 前もって 　　　 3 最後に 　　　 4 必ず

25 文化祭の準備が順調に進んでいるようだ。

1 スロー 　　　 2 ハイテンポ 　　　 3 ルーズ 　　　 4 スムーズ

4回

問題6 次の言葉の使い方として最もよいものを、1・2・3・4から一つ選びなさい。

26 妥当

1 夫は料理が苦手なので、私が妥当して料理をすることになった。

2 この商品は傷つきやすいので、妥当に扱ってはいけません。

3 妥当な気持ちで仕事をしていると、いつか失敗する。

4 中学生のお小遣いなら、この程度の金額が妥当だろう。

27 畳む

1 目上の人の前で、足を畳んで座ってはいけませんよ。

2 私はいつも母にシャツはきれいに畳んでからしまいなさいと注意される。

3 運動する時は髪が邪魔なので、髪を畳んでから運動するようにしています。

4 明日は父の日なので、お父さんの肩を畳んであげるつもりだ。

28 かすか

1 妹とかすかなことが原因でけんかをしてしまった。

2 早くしないと、電車を乗り換える時間はかすか5分しかありませんよ。

3 誰かがこの部屋でカレーを食べたのか、かすかにカレーの匂いがする。

4 身長は山田さんの方が高いが、体重は佐藤さんの方がかすかに重い。

29 すっきり

1 母に洗剤を買ってきてと頼まれていたことをすっきり忘れていた。

2 彼は口がうまいので彼の言った嘘を私は本当のことだとすっきり信じ込んでいた。

3 ここまですっきり聞こえないので、音のボリュームをもう少し上げてください。

4 ずっと悩んでいたことを勇気を出して恋人に相談したら少しすっきりした。

30 取り換える

1 食堂で割り箸を落としてしまい、新しいものに<u>取り換えた</u>。

2 今日の会議では、新しい商品開発について意見を<u>取り換えた</u>。

3 仕事でミスをしたが、先輩が励ましてくれたので気持ちを<u>取り換えた</u>。

4 新しい鞄を買ったので、古い鞄の中身を新しい鞄に<u>取り換えた</u>。

問題7 次の文の（　　　）に入れるのに最もよいものを、1・2・3・4から一つ選びなさい。

31 このチョコレートクッキー、こげていて少々苦いが、食べられ（　　　）。

1 たら良かった

2 たばかりだ

3 ないこともない

4 ないことになった

32 彼のためを思って忠告したのに、（　　　）怒らせてしまった。

1 かえって　　　2 反して　　　3 一方で　　　4 反面

33 どうしよう。明日からテストだ（　　　）、何も勉強していない。

1 という　　　2 といって　　　3 というのに　　　4 というように

34 この映画は実際にあった事件を（　　　）制作された。

1 めぐって　　　2 ともなって　　　3 よって　　　4 もとにして

35 風邪（　　　）なので、学校を休むことにした。

1 よう　　　2 ぎみ　　　3 らしい　　　4 げ

36 秘書「社長、三上商事の三上社長からお電話がありました。商談の件について確認でき次第、連絡してほしい（　　　）。」

1 とします　　　2 とのことです　　　3 ことにします　　　4 ことになります

37 子供の日なのでお子様の入場料は無料です。（　　　）保護者の方の入場料はお支払いください。

1 ただし　　　2 および　　　3 すなわち　　　4 あるいは

38 プレゼントキャンペーンを実施しております。応募方法はホームページを（　　　　）ください。

1 拝見　　　　　　2 お見せ　　　　　　3 ご覧　　　　　　4 ご視聴

39 いつ何が（　　　　）、カバンの中にはいつもトラベルセットが入っている。

1 起こりそうで　　　　　　　　　2 起きてもいいように

3 起こる気がして　　　　　　　　4 起こらないために

40 たまには私の話を（　　　　）聞いてよ。

1 めんどくさくなるのが　　　　　2 めんどくさくないように

3 めんどくさがって　　　　　　　4 めんどくさがらずに

41 自分の意見が正しいと（　　　　）だが、相手の意見にも耳を傾（かたむ）けることが大切だ。

1 思ったところ　　　　　　　　　2 思ってしまいがち

3 思わないかぎり　　　　　　　　4 思ったあげく

42 最近の大雨（　　　　）野菜の値段が高くなった。

1 にとって　　　　2 につれて　　　　3 によって　　　　4 に関して

問題8 次の文の___★___に入る最もよいものを、1・2・3・4から一つ選びなさい。

（問題例）

あそこで ＿＿＿ ＿＿＿ ＿★＿ ＿＿＿ は山田さんです。

1 テレビ　　2 見ている　　3 を　　4 人

（解答の仕方）

1．正しい文はこうです。

あそこで ＿＿＿＿＿ ＿＿＿＿＿ ＿★＿＿＿ ＿＿＿＿＿ は山田さんです。
　　　　　1 テレビ　　3 を　　2 見ている　　4 人

2．__★__に入る番号を解答用紙にマークします。

（解答用紙）　　（例）　①●③④

43　兄は ＿＿＿＿＿ ＿★＿＿＿ ＿＿＿＿＿ ＿＿＿＿＿ が怖いらしい。

1 の　　　　　2 血　　　　　3 医者　　　　4 くせに

44　親は自分のために叱ってくれているのだと ＿＿＿＿＿ ＿★＿＿＿ ＿＿＿＿＿

＿＿＿＿＿ ことができない。

1 受け入れる　　2 つつも　　3 素直に　　4 知り

45 こんなにたくさんの書類整理、いくら二人でするといっても ＿＿＿＿＿＿

＿＿＿＿＿＿ ★＿＿＿＿ ＿＿＿＿＿＿ 明日までには到底（とうてい）無理です。

1 しない　　　　2 でも　　　　　3 かぎり　　　　4 徹夜

46 10年付き合っていた彼氏がプロポーズしてくれて、私は ＿＿＿＿＿＿ ＿＿＿＿＿＿

＿★＿＿＿ ＿＿＿＿＿＿ してしまった。

1 嬉しさ　　　　2 あまりの　　　　3 に　　　　　4 大泣き

47 私は米 ＿＿＿＿＿＿ ★＿＿＿＿ ＿＿＿＿＿＿ ＿＿＿＿＿＿ 炭水化物（たんすいかぶつ）を夜に食べない

ことにした。

1 はじめとする　　2 パン　　　　　3 を　　　　　4 や

4回

173

問題9　次の文を読んで、文章全体の内容を考えて、　48　から　52　の中に入る最もよいものを、1・2・3・4から一つ選びなさい。

　学校の課題などで調べものがしたいと思った時、皆さんはどんな方法で情報を手に入れるだろうか。いざ、調べる　48　、調べる手段に悩んでしまう。どのような方法で情報を収集するか　49　得られる情報の内容も異なってくる。最近では情報収集能力という言葉が注目されている。ただ、情報を集めるだけなら誰にでもできるが、その膨大な情報の中から自分が何を知りたいのかを正確に把握し、欲しい情報によって情報収集の方法を変えるということがこれからは重要になってくる。

　まずは、情報の集め方を知る必要がある。情報が欲しい時、主に三つの手段がある。一つ目は人から聞くことだ。身近な人に聞いたり、公的な機関に問い合わせたりする。二つ目はインターネットを利用することだ。検索機能を使用し、報道機関や専門機関のウェブサイトを閲覧するのもいい。三つ目は図書館や書店に行くことだ。専門書、辞典、図鑑、年鑑などで調べたり、新聞、雑誌、映像資料などで探す方法もあるだろう。

　学校の課題や論文、レポートの場合、どの方法で調べる　50　、忘れてはいけないのは、情報源を明らかにすることだ。しかし、ただ情報源を明記すればいい　51　。情報によっては古かったり、間違っていたりすることもある。特にインターネットの情報は不特定多数の人が発信してるため、その全てが　52　。情報源を確認し、他の情報とも比べながら本当に信頼できるかどうか判断するべきだ。これが一番難しい。だから、私は特別なことがない限り、図書館にある書籍で調べることにしているのだ。やはり、情報の質が重要だと思うからだ。

48

　1　という　　　　　　2　となると　　　　3　といった　　　　4　として

49

　1　に際して　　　　　2　に限って　　　　3　に沿って　　　　4　によって

50

　1　にしても　　　　　2　における　　　　3　に応えて　　　　4　にしては

51

　1　にほかならない　　　　　　　　2　というものだ

　3　にはおよばない　　　　　　　　4　というものでもない

52

　1　正しいにほかならない　　　　　2　正しいにこしたことはない

　3　正しいとは限らない　　　　　　4　正しいだけのことはある

4
회

問題10 次の(1)から(5)の文章を読んで、後の問いに対する答えとして最もよいものを、1・2・3・4から一つ選びなさい。

（1）

　地球上のどんな民族でも負けることを欲するなどそんな例はない。ところが日本人は負けることをそれほど恐れず、大して嫌がりもしなかった。負けるが勝ちというのは、相手に勝ちを譲ってやることが結局は相手に勝つことになるという意味である。それはどんな場合か。相手と対等の立場に立たず、相手より優越した次元に身をおいて、負けてやることができる、そうした場合である。もっとも具体的にいうなら、「負ける」という日本語の中には相手に花をもたせ、自分は実をとる、そのような暗黙の計算が含まれているのだ。だから、取り引きの際に値段をひくのを「負ける」というのである。

（森本哲郎『日本語　表と裏』新潮文庫による）

53　この文章の内容として最も適切なものはどれか。

1　「負ける」とは相手より力が弱く対等に立ち向かえないと言う意味だ。

2　日本人は「負ける」ことに対して受け入れがたいと思っている。

3　日本人は「負ける」を必ずしも語義通りに受け取っていない。

4　世界中、どこを探しても「負ける」ことを嫌がらない国は一つもない。

（2）

青空マンション住民の皆さまへ

　この度、消火器及び室内ガス器具の点検を下記のように行います。この度の点検は青空市により年に1回の実施が義務付けられているものです。

　当マンション住民の皆さまには不便をおかけいたしますが、当日の在宅をお願い致します。

　なお、ご不在の場合でも、管理人が合鍵（注）で入室させていただきます。ご不在の方はあらかじめ管理人に不在時刻と在宅時刻をお知らせいただくと、時間の調節が可能です。お知らせのない場合は入室致しますので、ご了承くださいますようお願い申し上げます。

【消火器及びガス器具点検日時】

　20◇◇年 4月 6日（金）AM 9：00〜PM 7：00

20◇◇年 3月 23日　管理人

（注）合鍵：一つの鍵のほかに、その錠に合うように作った別の鍵。スペアキー

4
回

54　青空マンションに住んでいる人が点検日当日に不在の場合はどうなるか。

　1　管理人に不在だと伝えない場合は点検が行われない。

　2　何もしなくても点検が行われる。

　3　日程を変えて別の日に点検が行われる。

　4　来年まで点検は行われない。

（3）

> みどり幼稚園　保護者の皆さま
>
> 7月25日（土曜日）午後2時より夏まつりを行います。当日はわたあめや、かき氷などの出店_(注1)や宝さがしなどの手作りゲームコーナーを用意しています。また、園児_(えんじ)は日中、水遊びを致します。登園前にご家庭で検温_(注2)を行い、健康カードにご記入をお願い致します。ご記入がない場合は水遊びを行うことができません。
>
> ＜水遊び時の持ち物＞
>
> 水着・着替え（下着・上下着替えセット）・バスタオル・スーパーのビニール袋
>
> ☆夏祭りにお越しの際には次のことにお気をつけください。
>
> - 駐車場はありませんので、公共交通機関をご利用ください。自転車のご利用はけっこうです。
>
> - ご家庭の皆さまが召しあがる物はそれぞれご用意ください。園児たちには夕食にカレーを用意しております。
>
> - 熱中症_(注3)対策として帽子の着用、飲み物の携帯をお願いいたします。何かご体に異変がございましたら、保健室までお越しください。薬などの用意もございます。

（注1）出店_(でみせ)：道端に臨時に出る店。露店
（注2）検温_(けんおん)：体温を計ること
（注3）熱中症_(ねっちゅうしょう)：高温の環境やスポーツ活動など、熱によって引き起こされる病気の総称

[55]　保護者が夏まつりに来るときにどうしてほしいと言っているか。

　　1　熱中症にならないように自動車で来てほしい。

　　2　具合が悪くなった時のために薬を持ってきてほしい。

　　3　園児に水着を着させてから登園させてほしい。

　　4　夏祭りに来る家族の食事を持ってきてほしい。

（４）

　その結果、およそ信じがたいことですが、小さな木の箱に網の目のように伸びていたライ麦の根の総延長は、じつに一万一千二百キロメートルに達していたということでした。風にそよぐ一本のライ麦が、その貧弱な生命で支えるために一万一千二百キロメートルの根を、目に見えない土中に張り巡らし、そこから必死で生命の糧を吸い上げつつ生き続けているということは、実に感動的ではありませんか。このことを考えると、生きてこの世に存在するということは、一体どれほどの働き、どれほどの努力が必要であるかということを痛感せずにはいられません。

（五木寛之『生きるヒント』角川書店による）

（注１）ライ麦：イネ科の一年草。小麦より穂が長く、実も細長い。黒パン、ウォッカやビールなどを作る
（注２）張り巡らす：まわり一面に張る。
（注３）糧：食料・食物。

56　このこととはどんなことか。

1　ライ麦の根の総延長が、一万一千二百キロメートルということ

2　ライ麦が生きるためにとても長い根を張って糧を吸い上げ続けているということ

3　ライ麦の一万一千二百キロメートルの根が目に見えないということ

4　生きてこの世に存在することがつらいことだということ

（5）

　私はこれまで、教育関連の事業を通じて、たくさんの子供達と接してきました。中学生ともなると、彼らの毎日は驚くほど多忙です。9教科もの授業をこなし、その後は部活や塾通い。合間をぬって友達とのおしゃべりを楽しみ、家では宿題をして、テレビを見て、ゲームで遊び、最近では携帯メールも大人と同じようにやっている子供がほとんど。彼らは一日の間に実に多くのことをしています。ところが、大人になると「今日一日、何したっけ」といった情けない状況になってしまうのは、なぜでしょうか。その違いは「時間割り」にあります。子供たちの毎日は今日は1時間目が国語、2時間目が数学、3時間目は英語、4時間目が家庭科、5時間目は美術、その後は部活などとルールが決まっているので、全てをこなすことができます。つまり彼らは時間割りによってマネジメントされているのです。それなら大人も時間割りを作って自分をマネジメントすればいいのです。

（石田淳『いつも結果を出す人の整理する技術』中経出版による）

（注）合間をぬう：続いている物事が途切れた短い時間を活用する

57　筆者の考えとして最も適切なものはどれか。

　　1　最近の子供達は一日の間に大人よりも多くのことをしている。

　　2　大人も子供を見習って時間割りの発想で時間を管理するといい。

　　3　ルールは学校でも社会に出ても守らなければならない。

　　4　大人の方が子供よりも時間を守ることができないので情けない。

4
회

問題11　次の(1)から(3)の文章を読んで、後の問いに対する答えとして最もよいものを、1・2・3・4から一つ選びなさい。

（1）

　よくいわれるように、氷山全体からすれば私たちの目に見える部分はほんのわずかでしかない。目に見えない海面下の部分は海面上に現れている部分の十一倍ほどあるという。その神秘的な美しい容姿は、海中に眠っている巨大な氷塊(注1)に支えられているのだ。人間の頭脳がそれに似ている。人の頭脳には不可思議な特性があるが、それを図にすると、氷山のような形になるであろう。

　人間の頭脳には百四十億もの脳細胞(注2)があると言われている。その脳細胞を全部使い切るには二百三十四歳という寿命が必要であるという。その膨大な量の脳細胞を持ちながら人は普通その十パーセントか、せいぜい二十パーセントぐらいしか使い切れずに生涯の幕を閉じることが多いと考えられる。使われない脳細胞はさながら海面下に沈んで人の目にとまることのない氷塊に<u>似ている</u>。私達は巨大な数の脳細胞に蓄えられ眠っている自分の才能や資質を自ら知ることもできずに一生を終えることが多い。他人の目に見える自分の才能、資質は微々たる(注3)ものである。さらに自分が自覚できる自分の才能や資質も意識下に埋蔵(注4)された巨大な部分と比べるとちょうど氷山の海に浮かんで見える部分のようにほんの一部分だといわなければならないのである。そのような<u>未知な自分</u>とともに人間は生き、そして死んでゆく。自分の才能資質を全て発見し、自分という人間を完全に理解するには人生はあまりに短すぎるのだ。残念なことである。しかし、それが人生のありさまだといって、未知の自分を発見しようとする努力を怠って(注5)いいものだろうか。私はそうは思わない。もちろん、自分の能力や性格を適当に見限って(注6)その範囲で無理なく無難に生きていく人生があっても、私はそれを否定するつもりはない。だが、それは自己に挑戦する人生ではない。そして挑戦なき人生に、意外な自分を発見する大きな驚き、あるいは喜びはないと私は信じる。

　　　　　　　　　　　（広中平祐『学問の発見―数学者が語る「考えること学ぶこと」講談社による）

（注１）氷塊：氷のかたまり
（注２）さながら：非常によく似ているさま。まるで。そっくり
（注３）微々たる：分量などがごくわずかであるさま
（注４）埋蔵された：埋もれて隠れている
（注５）怠る：すべきことをしないでおく。なまける
（注６）見限る：見込みがないとしてあきらめる

58 似ているとあるが、どんなことが似ているのか。

1 海面下の氷山の大きさが正確にはわからないように人間の性格も他人にはわからないということ

2 氷山が固い氷でできているように人間の頭脳に存在する脳細胞も固い構造になっているということ

3 海面下の氷山の大きさを推測できるように自分の資質も他人には推測しやすいということ

4 氷山の一部分しか見られないように他人や自分から見た自分はほんの一部分であるということ

59 未知な自分とはどういうものか。

1 他人にも見えず自分もまだ自覚できていない、脳細胞に眠っている自分の本性

2 膨大な量の脳細胞の中にある、この先使われることのない無駄な情報や知識

3 他人の目に見えたり自覚できたりすることがなく、意識下に埋もれている自分の才能や資質

4 他人の観察や推測からはわかるが、自分では自覚していない自分の本当の人格

60 筆者の考えとして最も適切なものはどれか。

1 脳細胞を全部使い切ってしまうと人間は生命活動ができなくなる。

2 自分の人生の中でまだ発見できていない未知な自分を知ることが喜びにつながる。

3 自分の才能や資質は他人に隠しながら生きていった方が生きやすい。

4 無理をせず、無難に生活していった方が自分の隠れた才能に気がつきやすい。

4
回

（2）

　作品を読む。そこに書かれていることがすべて読者の熟知した事柄ばかりということ^(注1)
はあり得ない。かりに、そういう作品があればわざわざ読む必要もないし、もし読もうと
してもたちまち退屈を感じて投げ出してしまうであろう。未知の問題があらわれれば、読
者は想像力を働かせて何とかわかろうとする。わかったと感じることができれば、そこで、一
種の"翻訳"が完了しているのである。自己のシステムによって未知の他者を再編成する
のが翻訳ならば、ものを読むのは大なり小なり翻訳的である。理解ということそのものが^(注2)
翻訳的性格を持っている。完全理解ということは言葉の上でしか存在しない。どんなに忠
実なように見える理解でも必ず理解側のものの見方や感じ方、先入主などが参加し、その^(注3)
影響を受けているものである。ごく簡単な表現についても、細かく見るならば読者の数だ
けの違った解釈が生まれるのは、理解が翻訳であることを何よりも雄弁に物語っている。^(注4)
どんな名手が訳しても同じ原文からできた二つの翻訳がまったく同じということは決し
てない。もし部分的にでも完全に同一の訳文があれば盗作を疑われるくらいである。^(注5)

（外山滋比古『異本論』筑摩書房による）

　（注1）熟知：細かなところまでよく知っていること
　（注2）大なり小なり：大きくても小さくても
　（注3）先入主：先入観。前もっていだいている固定観念
　（注4）雄弁：説得力をもって力強く話すこと
　（注5）盗作：他人の作品の全部、または一部をそのまま自分のものとして使うこと

61 そういう作品とはどんな作品か。

1 書かれていることが、読者には簡単に理解できる内容の作品

2 新しさがなく、読者がすでに詳しく知っている内容の作品

3 読者が退屈な時に読むのにちょうどいい難易度の内容の作品

4 外国語で書かれた作品が自国語に翻訳された読みやすい作品

62 一種の"翻訳"とは何か。

1 一つの原文を使って様々な解釈をしながら翻訳しようとすること

2 自国語で外国語の原文を忠実に、完全に再現しようとすること

3 作品を読むときに読者が想像しながら未知の問題をわかろうとすること

4 読者が客観的に解釈しながら翻訳された文章を理解しようとすること

63 この文章の内容として適切なものはどれか。

1 多くの読者は自分が熟知している内容の作品を好む傾向がある。

2 解釈が人によって異なるのは理解するということに翻訳的性格があるからだ。

3 翻訳は原文に忠実でなければならないので、どんな翻訳でも全く同じ文になる。

4 新しい知識が書かれている本でも退屈な内容ならば読む価値はない。

4
回

（3）

　ながら族というのがある。ラジオを聴きながら勉強する受験生がその走りだったと言
われる。そんないい加減な気持ちで何ができる、集中しなくては、と大人はやかましくい
うが、考えてみると、ながら族にも言い分がありそうだ。（中略）黒板に文字が多すぎて
も困るが、そうかといって全然何もないのも不安である。それで少しじゃまを入れておい
た方がかえって集中しやすい。製氷するとき水中の気泡を抜かないと氷が白く濁る。気泡
を抜く必要があるが、そのためには水の中へ逆に空気を送り込む。そうすると、小気泡が
空気に吸い取られて透明になる。ながら族のラジオにもいくらかそれに似たところがあ
る。精神を自由にするには肉体の一部を拘束していくらか不自由にする方がいいらしい。

（中略）

　われわれは当面のこと、関心のあることに心ひかれる。関心をもつというのはその他
のことに心が向かないことで、気にかかる大問題をかかえる人が時としてとんだ失敗を
やらかすのは、注意が一点に集中していて他が留守になるためである。したがって、な
るべく些細なことに関心が向けられている方が精神の自由には好都合である。物事に執
着するのは心の自由にとって大敵である。人間はどうしても自分を中心にものを見、考
えがちで、それが関心と呼ばれる。英語でこの関心のことをインタレストというのは面
白い。インタレストとは利害関係のあることで、したがって、関心ともつながり、面白
さ、興味とも関わってくる。何か関心を持つと言うのは、それと利害関係をもつことで
あって、精神の自由はそれだけ制限される。

（外山滋比古『知的創造のヒント』筑摩書房による）

　（注1）走り：ある物事のはじめとなったもの
　（注2）拘束：思想・行動などの自由を制限すること
　（注3）とんだ：とりかえしのつかない
　（注4）やらかす：「やる」「する」の意の俗語
　（注5）些細：あまり重要ではないさま。取るに足りないさま

64 <u>ながら族のラジオにもいくらかそれに似たところがある</u>とあるが、どういうことか。

1 黒板にたくさんの文字が書かれていると不安になるので、全く書かれていない方がいいということ

2 あえて空気を入れて氷を作るように、雑音があった方がかえって勉強に集中できるということ

3 大人が勉強しろとうるさく言うとプレッシャーでかえって受験勉強がはかどらないということ

4 受験生にはラジオを聞かせながらリラックスした状態で勉強させた方がいいということ

65 <u>なるべく些細（ささい）なことに関心が向けられている方が精神の自由には好都合である</u>とあるがその理由は何か。

1 失敗しないためには、細かいことによく気が付いて、一つのことに注意を払うことが重要だから

2 一つのことに関心をもち、集中力を発揮することが精神の自由につながるから

3 集中力がなく落ち着きがないよりも、執着心がある方が精神は自由になるから

4 体が多少不自由な方が、注意や関心が一点に集中するのを防ぐことにつながるから

66 <u>何か関心を持つ</u>とあるが筆者はこれについてどう考えているか。

1 一つのことに集中しすぎて、物事を深く考えられなくなる。

2 様々なことに関心を持つようになり、一貫性のない考え方をもつようになる。

3 物事に対して自分勝手に考えがちになり、そのことで自分だけの狭い考え方になる。

4 様々なことに関心を持つことで知識が増え、論理的な考えをもつようになる。

問題12　次のＡとＢの文章を読んで、後の問いに対する答えとして最もよいものを、1・2・3・4から一つ選びなさい。

Ａ

　ここ10年間の調査で、朝のマラソンを学校の活動に取り入れている小学校が増えてきている。朝にマラソンをすると、子供達が落ち着いた気持ちで授業に臨め、集中力も上がってきているなど、効果を実感する教師の声も聞かれているという。

　朝マラソンは、小学校で毎年実施するマラソン大会の練習としてだけでなく、最近の子供達の体力低下への解決策、また運動習慣の改善などにも役立っている。体育の授業のようにノルマがあるわけではないので、子供達が目標を持って自分のペースで走る距離を決めることができることも朝マラソンの魅力であると現場関係者は話す。

Ｂ

　本校でも、今週から朝マラソンが始まりました。授業が始まる前の10分間、「自分の体力を向上させるため」、「その日の体調を確かめるため」、「脳を活性化させるため」走ります。基礎体力をつけるために始めた活動ですが、始めてみると教室の雰囲気がよくなったことを感じます。自分で目標を立てて真剣に取り組む子供達がいる反面、お友達と話しながら走る人もいます。ですが、どんな形であれ、体を動かせればいいと考えています。また、朝マラソンをしてから、遅刻も少なくなり、校内の雰囲気もよくなり、何より子供達が元気に学校へ登校してきてくれることが一番の成果だといえるでしょう。子供達は走り終わると「今日はグラウンド○周、走れた」と達成感のある笑顔で報告してくれます。

　本校は12月第2土曜日にマラソン大会の予定です。保護者の方にはぜひ、子供達の頑張りを見に来ていただきたいですね。

（注）ノルマ：個人や集団に割り当てられた一定時間内に果たすべき労働・生産の責任量

67 「朝マラソン」についての説明で最も適切なものはどれか。

1 基礎体力の向上が目的で、毎日課題を達成しなければならない。

2 授業が始まる前の時間にマラソンをするという活動で、取り組む学校が増えている。

3 毎朝走るという活動で、いろんな友達と話しながら走ることを勧めている。

4 基礎体力をつけるために始めた活動であるが、同時に子供達の成績も上がった。

68 「朝マラソン」についてAとBにはどのような内容が書かれているか。

1 AもBも朝マラソンに関する調査結果を報告している。

2 AもBも朝マラソンの効果を紹介して感想を述べている。

3 Aは朝マラソンに関する調査結果を報告し、Bは朝マラソンの効果と感想を述べている。

4 Aは朝マラソンの効果と感想を述べ、Bは朝マラソンに関する調査結果を報告している。

問題13　次の文章を読んで、後の問いに対する答えとして最もよいものを、1・2・3・4から一つ選びなさい。

　「常識」というものがある。辞典には「健全な一般人が共通に持っている、または持つべき、普通の知識や思慮分別」とある。イギリスに住んだ時は、イギリスの常識と私の常識とは多少食い違うことはあっても、根本的な違いはないような気がした。しかし、ブラジルに住んでみたら私の常識や価値観とは大幅に違った世界があることを知らされた。このような時、あくまでも自分の常識で考えてその通りにならない時イライラしたりするとノイローゼになる。世の中にはいろんな常識があることを知って柔軟に考え、しかも泰然としていなくてはならない。日本の幼稚園や小学校では親がいつまでも子供の送り迎えするのを子供の自主性が育たないからと言って嫌う。もっともなことだ。しかし、イギリスでは小さい子供に親がついて歩かず、交通事故にでも遭ったら親が罰せられる。だから送り迎えは親の義務で、学校でも迎えがないと子供を帰さない。これももっともだし、日本の子供よりイギリスの子供の方が自主性がないとも思われない。ブラジルの私立学校ではスクールバスのドアからドアへの送り迎えが常識。社会不安の故かもしれない。こんなことまで国によって考え方が違う。どれがいいか悪いかは各人が判断するべきことである。私は、帰国後もイギリス流を良しと考え、あくまで実行したので最後には日本の幼稚園も送り迎えを禁ずるのを諦めてしまった。（中略）普通と思われがちな「常識」までが現代ではこの通りだから、社会的習慣である礼儀作法は言うまでもなく社会によって違っている。

　例えば、欧米ではスープを音を立てて飲むのは無作法だとされる。しかし、それを無作法としない日本では音を立ててスープをすするのもいっこうさしつかえないと考える。要は、どこでは何が無作法かを心得て、それが無作法とされるところへ行ったらそれをことさらすべきではないと考えられる。欧米に行ったらスープは音を立てずに「食べる」べきだ。しかし、そうはいっても何が無作法かを全て知りつくすわけにはいかない。これは実に人の意表に出る。結局、他人のある観点からした無作法をとがめないことが、もののわかった人間の行いと考えたい。

（池田潔『自由と規律』岩波新書による）

（注1）思慮分別：物事に注意深く考えをめぐらし、判断すること
（注2）泰然：落ち着いていて物事に驚かないさま
（注3）故：事が起こるわけ。理由。原因
（注4）礼儀作法：人間関係や社会生活の秩序を維持するために人が守るべき行動様式
（注5）無作法：礼儀作法に外れていること
（注6）ことさら：わざわざ。特に際立って。とりわけ
（注7）知りつくす：すべてをくまなく知っているさま。知らないことがないほどに物事に精通しているさま
（注8）意表に出る：相手が考えていないこと、予想外のことをする

69 「常識」の具体例として間違っているものはどれか。

1　日本ではスープを飲む時、音を出しながら飲んでも無作法ではない。

2　ブラジルではスクールバスでドアからドアまで、送り迎えしなければならない。

3　日本では防犯上、幼稚園の送り迎えは必ず親が付き添わなければならない。

4　欧米ではスープを音を立てて飲むのは無作法だと思われるのでしてはいけない。

70 他人のある観点からした無作法をとがめないことが、もののわかった人間の行いと考えたいとはどのような意味か。

1　どこでは何が無作法かを心得てその場所へ行ったらそれをすべきではない。

2　たった一つの常識に基づく立場から他人の行為を判断することが大切だ。

3　自分の価値観で常識的に行った行為を他人に叱られるのは納得できない。

4　他人の行為が無作法だと思っても常識の違いだと柔軟に考えることが大切だ。

71 筆者の考えとして適切なものはどれか。

1　外国人であっても「無作法」な行いをした人は厳しく非難しなくてはらない。

2　生まれた国の「常識」や「礼儀作法」に合わせて行動しなければならない。

3　「常識」が社会によって異なるという現実を受け止めなければならない。

4　外国に行く時はその国の礼儀作法を全て把握した上で行かなくてはいけない。

問題14　次のページは、嵐山という観光地の宿泊施設の案内である。下の問いに対する答えとして最もよいものを、1・2・3・4から一つ選びなさい。

72 斎藤さんは日帰りで天然温泉に入りたいと思っている。条件に合う施設はいくつあるか。

1　二か所

2　三か所

3　四か所

4　五か所

73 柴田さんは3泊4日で天然温泉に入り、美味しい和食も楽しみたいと思っている。一人一泊13000円以下で利用できるのはどの施設か。

1　ザ・嵐山ホテル

2　カプセルホテル嵐山の小屋

3　旅館　風月

4　プレミアム・ホテル〈椿〉

嵐山宿泊プラン

宿泊施設	部屋数・収容人数	朝夕食つき一泊お一人様料金（円）	特徴	天然温泉の有無
ザ・嵐山ホテル	80部屋 400人	16000 ～ 21000円	裏山の絶景を眺める露天風呂、嵐山でとれた新鮮な食材を使ったお料理でお出迎え	○
フラワーホテル 花のいえ	60部屋 300人	14000 ～ 18000円	山菜や、和牛を使ったコース料理が自慢。日帰り貸し切り風呂5500円	○
カプセルホテル 嵐山の小屋	20部屋 20人	7200円	少人数でのんびり楽しめる宿。宿泊のみのお得なプラン	○
嵐山温泉 竹林の湯	44部屋 220人	15000 ～ 23000円	川魚を使った家庭的な料理が美味しい。日帰り入浴可	○
旅館 嵐山城	15部屋 60人	12000 ～ 18000円	嵐山でとれた野菜、魚の炉端焼きが人気。日帰り入浴（大人800円・小人500円）	
四季の湯 松竹荘	30部屋 110人	9000 ～ 14000円	山菜そばセットの昼食＋入浴の日帰りプランもあり	
ホテル 月の光	40部屋 220人	1300 ～ 2200円	四季折々の自然が楽しめる。眺めのいい景色が自慢。日帰り入浴可	
旅館 風月	10部屋 35人	11000 ～ 21000円	創業130年の歴史ある旅館。特産物である大根を使った懐石料理が人気	○
プレミアムホテル 椿	62部屋 300人	10500 ～ 18000円	フランスで修行を積んだシェフのフレンチが楽しめる。ランチバイキングのみの利用も可能	○

4回

N2

聴解

（50分）

問題1

<ruby>問<rt>もん</rt></ruby><ruby>題<rt>だい</rt></ruby>1では、まず<ruby>質問<rt>しつもん</rt></ruby>を<ruby>聞<rt>き</rt></ruby>いてください。それから<ruby>話<rt>はなし</rt></ruby>を<ruby>聞<rt>き</rt></ruby>いて、<ruby>問題用紙<rt>もんだいようし</rt></ruby>の1から4の<ruby>中<rt>なか</rt></ruby>から、<ruby>最<rt>もっと</rt></ruby>もよいものを<ruby>一<rt>ひと</rt></ruby>つ<ruby>選<rt>えら</rt></ruby>んでください。

例

1 <ruby>先生<rt>せんせい</rt></ruby>にメールで<ruby>聞<rt>き</rt></ruby>く

2 <ruby>友達<rt>ともだち</rt></ruby>にメールで<ruby>聞<rt>き</rt></ruby>く

3 <ruby>研究室<rt>けんきゅうしつ</rt></ruby>の<ruby>前<rt>まえ</rt></ruby>のけいじを<ruby>見<rt>み</rt></ruby>る

4 りょうの<ruby>前<rt>まえ</rt></ruby>のけいじを<ruby>見<rt>み</rt></ruby>る

1番

1 女の人にお弁当を分けてもらう

2 ＡＴＭでお金をおろす

3 女の人にお金を貸してもらう

4 友達にお金を返してもらう

2番

1 じゅく

2 カフェ

3 ガソリンスタンド

4 コンビニ

3番

1 会場内でさつえいしている人を注意する

2 お客様のチケットを確認する

3 お客様を入り口で並ばせる

4 お客様のにもつ検査をする

4番

1 9時

2 10時

3 11時

4 12時

5番

1 全ての文字をかくだいする

2 全体のデザインを変える

3 表を作る

4 文字の色を変える

問題2

　問題2では、まず質問を聞いてください。そのあと、問題用紙のせんたくしを読んでください。読む時間があります。それから話を聞いて、問題用紙の1から4の中から、最もよいものを一つ選んでください。

例

1　友達とけんかしたから
2　かみがたが気に入らないから
3　試験があるから
4　頭が痛いから

1番

1 映画のさつえい場所だから

2 海外の番組で紹介されたから

3 喫茶店のパンケーキが有名だから

4 おしゃれなビルができたから

4回

2番

1 奥さんに買い物を頼まれたから

2 奥さんがインフルエンザになったから

3 子供が病気で面倒を見なければいけないから

4 母が足のけがをして手伝いにくいから

3番

1 男の人が車に詳しいから

2 男の人がヤマダ自動車の社員だから

3 男の人がのヤマダ自動車のあいようしゃだから

4 男の人が車のせいびしだから

4番

1 インスタントラーメンの人気がなくなったから

2 全商品にかびが生えていたから

3 一部の商品を食べてしょくちゅうどくになった人がいるから

4 一部の商品にいぶつが入っていたから

5番
<ruby>番<rt>ばん</rt></ruby>

1 ポイントが<ruby>二倍<rt>にばい</rt></ruby>になるから

2 1500<ruby>円<rt>えん</rt></ruby>の<ruby>現金<rt>げんきん</rt></ruby>がもらえるから

3 <ruby>食事代<rt>しょくじだい</rt></ruby>が<ruby>無料<rt>むりょう</rt></ruby>になるから

4 お<ruby>食事券<rt>しょくじけん</rt></ruby>がもらえるから

6番
<ruby>番<rt>ばん</rt></ruby>

1 もっと<ruby>練習<rt>れんしゅう</rt></ruby>するべきだから

2 <ruby>初心者<rt>しょしんしゃ</rt></ruby>が<ruby>転<rt>ころ</rt></ruby>ぶのは<ruby>当然<rt>とうぜん</rt></ruby>だから

3 <ruby>周<rt>まわ</rt></ruby>りの<ruby>人<rt>ひと</rt></ruby>の<ruby>迷惑<rt>めいわく</rt></ruby>になるから

4 <ruby>事故<rt>じこ</rt></ruby>やけがの<ruby>原因<rt>げんいん</rt></ruby>になるから

問題3

問題3では、問題用紙に何も印刷されていません。この問題は、全体としてどんな内容かを聞く問題です。話の前に質問はありません。まず話を聞いてください。それから、質問とせんたくしを聞いて、1から4の中から、最もよいものを一つ選んでください。

－ メモ －

問題4

問題4では、問題用紙に何も印刷されていません。まず文を聞いてください。それから、それに対する返事を聞いて、1から3の中から、最もよいものを一つ選んでください。

－ メモ －

問題5

　問題5では、長めの話を聞きます。この問題には練習はありません。問題用紙にメモをとってもかまいません。

1番、2番

　問題用紙に何も印刷されていません。まず話を聞いてください。それから、質問とせんたくしを聞いて、1から4の中から、最もよいものを一つ選んでください。

－ メモ －

3番

まず話を聞いてください。それから、二つの質問を聞いて、それぞれ問題用紙の1から4の中から、最もよいものを一つ選んでください。

質問1

1 ワインエキスパートこうざ
2 ガラス工芸こうざ
3 ビジネス英会話こうざ
4 コミュニケーションこうざ

質問2

1 ワインエキスパートこうざ
2 ガラス工芸こうざ
3 ビジネス英会話こうざ
4 コミュニケーションこうざ

JLPT
FINAL TEST
N2

파이널 테스트 5회

파이널 테스트 채점표

자신의 실력이 어느 정도인지 확인할 수 있도록 임의적으로 만든 채점표입니다.
실제 시험은 상대 평가 방식이므로 오차가 발생할 수 있습니다.

언어지식 (문자·어휘·문법)

	5회	배점	만점	정답 문항 수	점수
문자·어휘	문제 1	1점×5문항	5		
	문제 2	1점×5문항	5		
	문제 3	1점×3문항	3		
	문제 4	1점×7문항	7		
	문제 5	1점×5문항	5		
	문제 6	1점×5문항	5		
문법	문제 7	1점×12문항	12		
	문제 8	1점×5문항	5		
	문제 9	2점×5문항	10		
합계			57점		

*점수 계산법 : (언어지식(문자·어휘·문법) [   ]점÷57)×60 = [   ]점

독해

	5회	배점	만점	정답 문항 수	점수
독해	문제 10	2점×5문항	10		
	문제 11	3점×9문항	27		
	문제 12	3점×2문항	6		
	문제 13	3점×3문항	9		
	문제 14	3점×2문항	6		
합계			58점		

*점수 계산법 : (독해 [   ]점÷58)×60 = [   ]점

청해

	5회	배점	만점	정답 문항 수	점수
청해	문제 1	2점×5문항	10		
	문제 2	2점×6문항	12		
	문제 3	3점×5문항	15		
	문제 4	1점×11문항	11		
	문제 5	3점×4문항	12		
합계			60점		

*점수 계산법 : (청해 [   ]점÷60)×60 = [   ]점

N2

言語知識(文子・語彙・文法)・読解

(105分)

受験番号　Examinee Registration Number	

名 前　Name	

問題1 _____の言葉の読み方として最もよいものを、1・2・3・4から一つ選びなさい。

1 今月の９日に<u>町内</u>の夏祭りがある。

    1 ちょううち   2 ちょうない   3 まちうち   4 まちない

2 インフルエンザで４０度の熱が出たので<u>解熱剤</u>を飲んだ。

    1 びねつざい   2 だんねつざい   3 げねつざい   4 かいねつざい

3 小学校の入学式では１年生のみんなが<u>名札</u>をつけていた。

    1 なふだ   2 なさつ   3 みょうふだ   4 みょうさつ

4 最近、舌が<u>鈍く</u>なってきているみたいだ。

    1 するどく   2 ひどく   3 つらく   4 にぶく

5 今回の国語のテストは教科書２５ページ<u>3行目</u>から出るので、しっかり勉強して

おいてください。

    1 さんぎょうめ   2 さんこうめ   3 さんぎょうもく   4 さんこうもく

5
回

問題2 _____の言葉を漢字で書くとき、最もよいものを１・２・３・４から一つ選びなさい。

6 昨日の夜は、暑すぎてじゅくすいできなかった。

1 塾睡 　　　　 2 塾眠 　　　　 3 熟睡 　　　　 4 熟眠

7 あの二人は新婚で、この辺のちんたいマンションを探している。

1 賃貸 　　　　 2 賃家 　　　　 3 借貸 　　　　 4 借家

8 彼は同じ失敗をくりかえした。

1 操り還した 　　 2 操り返した 　　 3 繰り還した 　　 4 繰り返した

9 後で食べようと残して置いた刺身がいつの間にかくさっていた。

1 臭って 　　　　 2 腐って 　　　　 3 痛って 　　　　 4 濁って

10 糖尿病<ruby>とうにょうびょう</ruby>なので甘い物をひかえています。

1 抑えて 　　　　 2 控えて 　　　　 3 避えて 　　　　 4 制えて

問題3 （　　　）に入れるのに最もよいものを、1・2・3・4から一つ選びなさい。

11 兄が父と喧嘩_{けん か}をして家を出るというので、兄を引き（　　　）。

1　かえした　　　　2　だした　　　　3　こもった　　　　4　とめた

12 一日中、農家で（　　　）労働をしたので、腰がとても痛い。

1　長　　　　　2　多　　　　　3　重　　　　　4　高

13 私と妹の性格は（　　　）反対だ。

1　逆　　　　　2　完　　　　　3　全　　　　　4　正

問題4 （　　　　）に入れるのに最もよいものを、1・2・3・4から一つ選びなさい。

14　これらの条件に（　　　　）人は国から補助金_{ほじょきん}がでるらしい。

1　突き当たる　　　　2　当てはまる　　　　3　うたがわれる　　　4　はまり込む

15　明日の仕事に（　　　）ので、今日の飲み会は遠慮しておきます。

1　差し支える　　　　2　差し入れる　　　　3　差し込む　　　　4　差し押さえる

16　彼女の夢はカフェの（　　　　）になることだ。

1　モデル　　　　　　2　メニュー　　　　　3　メンバー　　　　4　マスター

17　暑い夏に（　　　）をつけるために焼肉を食べた。

1　レシピ　　　　　　2　ストレス　　　　　3　スタミナ　　　　4　バランス

18　蚊_かに刺_さされたところがかゆすぎて我慢できず、（　　　　）しまった。

1　なでて　　　　　　2　つねって　　　　　3　つまんで　　　　4　かいて

19　貧血_{ひんけつ}で立っているのがつらかったので、近くの壁に（　　　　）休んだ。

1　もたれて　　　　　2　すわって　　　　　3　のぼって　　　　4　しゃがんで

20　大雨で川の水が（　　　　）なので、川の近くに住んでいる人は避難した方がいい。

1　あわてそう　　　　2　あまりそう　　　　3　あふれそう　　　　4　あつまりそう

問題5 _____の言葉に意味が最も近いものを、1・2・3・4から一つ選びなさい。

21 明日はさつまいもを収穫するので、動きやすくて汚れが<u>めだたない</u>服装で来てください。

1 つかない   2 つきにくい   3 見ない   4 見えにくい

22 これは、この前の<u>おわび</u>のしるしです。どうぞお受け取りください。

1 感謝   2 謝罪   3 間違い   4 お礼

23 今日は友達の結婚式なので美容院で髪形を<u>整えて</u>もらった。

1 チェンジして   2 マッチして   3 セットして   4 リクエストして

24 借りたお金は<u>いずれ</u>返しますよ。

1 今   2 明日   3 そのうち   4 ずっと後で

25 彼女の気配りや優しさには<u>頭が下がる</u>思いだ。

1 感謝する   2 感心する   3 謝る   4 反省する

問題6　次の言葉の使い方として最もよいものを、１・２・３・４から一つ選びなさい。

26　たった

1　私が毎週楽しみにしているドラマがたったさっき始まりました。

2　この時間にデリバリーを頼むと、たった３０分もかかりますね。

3　彼は速読が得意なので、たった１日で２０冊の本を読み終えた。

4　美味しいと評判のケーキだが、一つたった９００円もするらしい。

27　余る

1　放課後、クラス会議をするので授業が終わったら教室に余ってください。

2　小さい頃にやけどをしたので、その傷が今も顔に余っている。

3　仕事がまだたくさんあって、今日は会社に余らなければならない。

4　家には２人しかいないのに４人分の料理を作ってしまい、料理が余ってしまった。

28　都合

1　掃除機の都合が悪くて、満足に掃除ができない。

2　彼は自分の都合ばかり優先しているので友達が少ない。

3　お腹の都合が悪くて、たくさん食べることができない。

4　急に雨が降って困っていたら、うまい都合にバスが来た。

29　たまる

1　夜になると街灯の光に虫がたまっていた。

2　冷蔵庫の中に昨日のケーキが一つたまっていた。

3　一ヶ月間、家を空けていたら机にほこりがたまっていた。

4　ドラマの撮影があったので、公園に人がたまっていた。

30 ざっと

1 このペンはとても使いやすくて、ざっと書ける。

2 彼はアメリカに留学経験があり、英語がざっと話せる。

3 一週間の出張から帰ったとたん、疲れがざっと押し寄せた。

4 午後から会議があるので、この資料にざっと目を通しておいて下さい。

5
回

問題7 次の文の（　　　）に入れるのに最もよいものを、1・2・3・4から一つ選びなさい。

31 私の友人は有名大学に進学した（　　　）、1年も経たないうちに退学してしまった。

1 ものなら　　　　2 かのように　　　3 限りでは　　　4 ものの

32 健康に気を付けているので、ファーストフードを食べる（　　　）、一ヶ月に一回くらいにしています。

1 にしても　　　　2 にあたって　　　3 にしたところ　　4 に応じて

33 生まれ変われる（　　　）、アイドルになりたい。

1 ばかりに　　　　2 にしても　　　　3 ものなら　　　　4 からして

34 山田さんはアメリカ（　　　）、イギリス、スペイン、中国、タイ、オーストラリアなど、様々な国に行ったことのある旅行家だ。

1 にあたって　　　2 に限って　　　　3 を問わず　　　　4 をはじめとして

35 彼はまるで蜂にでも刺された（　　　）、唇が腫れていた。

1 のもかまわず　　2 かのように　　　3 あまりに　　　　4 かと思うと

36 検査の結果がわかり（　　　）、病院の方からご連絡致します。

1 折に　　　　　　2 一方　　　　　　3 以上　　　　　　4 次第

37 大切なパソコンが壊れてしまった。親から合格祝いにもらった高価なものだから、なんとか（　　　）なあ。

1 なおらないものか　　　　　　　　2 なおらなければならない

3 なおさなくてもいい　　　　　　　4 なおさないつもりだ

38 営業成績が会社で一番いい木村さん（　　　）、最近の成績が良くないようなので、何か悩み事でもあるのかと心配になった。

1　につけ　　　　　2　のくせに　　　　3　にかわって　　　4　にしては

39 彼女はペットの猫を家族のように愛していて、その猫の（　　　）話が止まらなくなる。

1　ことには　　　　2　ことだから　　　3　こととなると　　4　ことにしては

40 新婚当初はよく夫婦で海外旅行に行きましたが、子供が生まれてからというもの、子供の世話で海外旅行（　　　）。

1　には及びません　　　　　　　2　したいものです

3　どころではありません　　　　4　しないではいられません

41 私の父は野球が大好きで、タイガースの大ファンだ。誰かがタイガースの悪口を（　　　）、喧嘩になってしまうだろう。

1　言ったあげく　　2　言おうものなら　3　言うどころか　　4　言うくらいなら

42 兄は学校から帰ってきた（　　　）、またすぐ出かけて行った。

1　末に　　　　　　2　きり　　　　　　3　あまり　　　　　4　かと思うと

問題8 次の文の___★___に入る最もよいものを、1・2・3・4から一つ選びなさい。

(問題例)

あそこで ___ ___ ★ ___ は山田さんです。

1 テレビ　　2 見ている　　3 を　　4 人

(解答の仕方)

1. 正しい文はこうです。

| あそこで ___ ___ ___★___ ___ は山田さんです。 |
| 1 テレビ　　3 を　　2 見ている　　4 人 |

2. ___★___に入る番号を解答用紙にマークします。

(解答用紙)　　(例)　①●③④

43　確かに留学はしてみたいが、_____ ___★___ _____ _____ と
は思わない。

1 までして　　　　2 みたい　　　　3 休学　　　　4 行って

44　彼女は大勢の人 _____ ___★___ _____ _____ 、大声で泣き出
してしまった。

1 も　　　　2 かまわず　　　　3 が　　　　4 みているの

45 昨日、父と母は大喧嘩(おおげんか)をしていたが、今日は ＿＿＿＿＿ ＿＿＿＿＿ ★＿＿＿＿＿

＿＿＿＿＿ 仲良く話してる。

1 も   2 かのように   3 なかった   4 何事

46 伊藤(いとう)さんは小さい時 ＿＿＿＿＿ ＿＿＿＿＿ ★＿＿＿＿＿ ＿＿＿＿＿、運動神経

がとても良い。

1 習っている   2 から   3 サッカーを   4 だけあって

47 社長はいつも社員に ＿＿＿＿＿ ＿＿＿＿＿ ★＿＿＿＿＿ ＿＿＿＿＿ 才能だと言

っている。

1 こと   2 こそ   3 が   4 努力し続けられる

5
回

問題9　次の文を読んで、文章全体の内容を考えて、 48 から 52 の中に入る最もよいものを、1・2・3・4から一つ選びなさい。

　　私は、通勤、通学時間の満員電車が苦手だ。きっと、多くの人が満員電車でのストレスや不快感、嫌悪感を経験したことがあるだろう。その中でも私が最も不快だと感じるのは匂いだ。電車内の嫌な匂いと聞いて思い浮かべるものとして、人の体臭や口臭、加齢臭といったものがある。もちろん、それも不快だが、特に私は人工的な匂いを不快に感じる。例えば香水や衣類の洗剤によるものだ。そもそも、匂いの感じ方や好みの匂いは人 48 異なるため、自分がいい匂いと感じた物が他人もいい匂いと感じるとは限らない。他人には不快な匂いとして感じてしまうこともあるのだ。また、体臭予防として消臭効果などのあるデオドラント製品を使う人もいる。これにも人工的な香料が入っているため、自分では相手のためのエチケットのつもりが、 49 逆効果になっている場合があるのだ。

　　個人差 50 、電車内や職場など一定の空間で強い香りを嗅ぎ続けることで不快な思いを 51 、人によっては化学的に作られた香りによってアレルギー反応を引き起こしてしまう人もいる。さらに、自分でも知らず知らずのうちに自分が使っている香水や洗剤の匂いに慣れてしまって、必要以上に香水や洗剤を使用し、とてもきつい匂いになっている人もいる。

　　このような匂いによる健康被害を訴えている人は近年増えてきている。中には友人や職場の人の匂いのせいで学校や職場に行けなくなったという人もいる。自分の匂いが誰かの健康を奪っているのかもしれないと思うと、この問題を 52 だろう。匂いで苦しんでいる人についての理解がもっと深まってほしいものだ。

48

1 における 　　　　2 によって 　　　　3 にあたる 　　　　4 に沿って

49

1 しかも 　　　　　2 あるいは 　　　　3 かえって 　　　　4 それはそうと

50

1 はあるものの 　　　　　　　　　2 だけあって

3 からすれば 　　　　　　　　　4 にしたところで

51

1 するとして 　　　　　　　　　2 する限りでは

3 するとなると 　　　　　　　　4 するだけでなく

52

1 放っておいてほしいもの 　　　　2 放っておかざるを得ない

3 放っておくわけにはいかない 　　4 放っておいてもさしつかえない

問題10 次の⑴から⑸の文章を読んで、後の問いに対する答えとして最もよいものを、1・2・3・4から一つ選びなさい。

（1）

　ところで、ニートと呼ばれる存在が近年急速に脚光を浴びた理由は、それがフリーター、^(注1)あるいは非正規雇用に就く若者たちとは異なった特徴を有しており、ニートだけに着目し^(注2)てみると、近年非常に増加していることがわかったからだ。先のフリーターの定義にもある通り、これまでは無職であっても「働く意思がある」ことを前提にそうした人たちがなぜ正社員として働けないのか、という観点から企業の側の原因が指摘されてきたのだった。ところが、ニートにはそうした「働く意思」が存在しないと言われている。そのため彼らは統計的にも把握されない存在としてこれまで問題になってこなかった。

（鈴木謙介『カーニヴァル化する社会』講談社による。一部変更あり）

（注1）脚光を浴びる：世間の注目の的になる
（注2）非正規雇用：期間を限定し、比較的短期間での契約を結ぶ雇用形態

53 この文章の内容として最も適切なものはどれか。

1　ニートは働こうと就職活動をしているにも関わらず無職の人のことを言う。

2　フリーターとは働く意思はあっても就職活動をしていない人のことである。

3　フリーターとは働くことができるのに働く意思がない人のことである。

4　ニートとは就職を希望していない無職の人のことを指す。

（2）

　日本人は神経質な面があるので、緊張すると、かえって笑うことが多いが、現在好まれている笑いはもっと深いところまで揺さぶる笑いであるようだ。もともと笑いは自己の優越感の確認から生まれると言われる。バナナの皮で滑るのを見て笑うのから、もっと残酷な笑いまで、確かに悪意がつきまとうことが多い。しかし、笑いが生命感の充実から生まれるのも事実なのだ。むしろ笑いの本流はこちらにあり、生のエネルギーが溢れて外に出るのが本来の笑いなのだ。例えば、赤ん坊が笑うとき、気持ちよさ、楽しさ、嬉しさを表現しているのであって、決してその逆ではない。

（辻邦生『時刻の中の肖像』新潮社による）

（注1）揺さぶる：ゆさゆさと揺り動かす
（注2）優越感：自分が他より優れているという感情
（注3）つきまとう：ある事情などがついてまわって離れない。また、ある気持ちなどがいつも頭から離れない
（注4）本流：中心となる流派

54　本来の笑いとはどのような笑いか。

　　1　自己の優越感を感じる時に生まれる笑い

　　2　緊張やストレスから生まれる笑い

　　3　赤ん坊が笑うような単純な理由から生まれる笑い

　　4　生命感の充実から生まれる笑い

（３）

　ある研究会で一人の教師の初任時から４年続けてのビデオによる授業記録をみた。この研究会は、授業における教師のあり方を様々な角度から考え合うことを目的に開催されたものであり、その一つとして取り上げられたのがこの映像であった。画面に映し出された一年目の授業は、教師の意気込みばかりが目立つものであった。教師のやや甲高い声が次々と子供たちに向かって発せられるのだが、子供達はどう反応してよいかわからず、困惑の表情を見せている。そんな子供の姿が見えているのかいないのか、教師はとにかく懸命に身振り手振りを交え説明する。

（石山順志『教師が壁をこえるとき』岩波書店による）

(注1) 意気込み：さあやろうと勢いこんだ気持ち
(注2) 甲高い：声の調子が高く鋭い

55 この教師が行った授業はどのような授業か。

1　一人の教師の初任時のビデオによる授業記録をみる授業
2　教師が子供と意思疎通しながらおこなう、にぎやかな授業
3　教師の意見ばかりで子供の理解度を確認しない一方的な授業
4　教師の教え方は上手だが、子供達が楽しめない難しい授業

（４）

　　妊娠中の体重の増加は注意したいものです。増えすぎると腰痛の原因になることも。さらに、妊娠糖尿病や妊娠高血圧症候群なども気になります。しかし、最近は体重が増えないことも問題視されています。ママの体重が増えないと、赤ちゃんが小さく生まれ、将来赤ちゃん自身が高血圧や糖尿病などの生活習慣病になるリスクが高まるといわれています。必要な栄養をバランスよくとり、適度に体重を増やすことが大切です。標準体型の人なら１２ｋｇ増が目安です。なかなか食べられない人は１日６食にして少しずつ食べる、献立に好きなメニューを必ず入れるなど、工夫しましょう。

　　　　　（藤井知行・鮫島浩二『最新版　ママとパパのはじめての妊娠・出産辞典』朝日新聞出版による）

（注１）妊娠糖尿病：状妊娠中に、一時的に血糖値が高くなる病気
（注２）妊娠高血圧症候群：妊娠２０週から産後１２週までに血圧が上がった状態
（注３）献立：食卓に供する料理の種類や順序。メニュー

56　　この文章の内容として最も適切なものはどれか。

　　1　小さく生まれた赤ちゃんは将来、生活習慣病になりにくい。

　　2　すべての妊婦は赤ちゃんの成長のために１日６食を食べなければならない。

　　3　妊婦は妊娠中に最低でも１２kgは必ず、体重を増やさなければならない。

　　4　妊娠中の母親は体重増加が少なすぎても、多すぎてもいけない。

（5）

以下は、通信販売の会社から商品を買った木村さんに来たメールである。

木村貴子様

　この度は弊社の商品をお買い求めいただきまして、誠にありがとうございます。

　今回、ご注文いただきました「チョコマカロン」ですが、雑誌で紹介を受け、反響^{はんきょう}が大きく、只今、非常にたくさんのご注文をいただいており、現在生産が追い付いていない状況です。ご注文いただいたお客様には大変ご迷惑をおかけいたしております。誠に申し訳ございません。現在、お客様にお届けできるお日にちは、早くても一ヶ月後の５月14日以降となっております。

　つきましては、商品の納品時期のご確認と、ご注文をこのまま継続^{けいぞく}されるか、ご注文をお取消しされるか、本メールにてご回答をよろしくお願い致します。

　尚、このままご注文いただけるお客様に関しましては、次回のご注文の際の送料は無料とさせていただきます。

　何か、ご意見、ご感想、ご不明な点等がございましたら、ご遠慮なくお問い合わせください。

　今後ともより良い商品を提供できますよう改良を重ねていきたいと存じますので、弊社をよろしくお願い致します。

4月13日

清水製菓 (株)

57 このメールで最も言いたいことは何か。

1 新商品のご案内

2 納期遅延に対するお詫び

3 アンケート回答のお願い

4 送料無料のお知らせ

5
회

問題11　次の(1)から(3)の文章を読んで、後の問いに対する答えとして最もよいものを、
　　　　1・2・3・4から一つ選びなさい。

（1）

　「アメリカ南部で起きた竜巻_{たつまき}のニュースはまだ流れませんか」「オーストラリアの山火
事の原稿_(注1)はもうでましたか」。通信社_{つうしんしゃ}の外信部のデスクには加盟_{かめい}新聞社の編集者から<u>そん
な問い合わせが寄せられる</u>。（中略）それまでは、例外的に大きな災害かよほど多数の死
傷者_{しょうしゃ}でもなければ、アメリカの竜巻やオーストラリアの山火事が日本の新聞のニュースに
なることはあまりなかった。ところが、８０年代になって海外から送られてくるテレビ映
像の量が一段と増えるに伴い、文字メディアが配信しないニュースをテレビが映像で伝
え、これを見た編集者が新聞用に記事を要求するようになったのだ。

　通信社や新聞社の記者の判断で日本に伝える価値なしとされた海外の竜巻や山火事が、
テレビではニュースとして放送されるのは、その映像が文字では伝えられない生の現実を
伝えていたからだ。吹き飛ばされた建物や車、被害にあって途方_{とほう}に暮れる人たち、という
のは視聴者の感情を揺_ゆさぶる映像になりやすい。炎が夜空を焦がす山火事はそれにも増し
て大スペクタクルだ。新聞では文字通り「対岸_{たいがん}の火事」にすぎない出来事でもテレビはそ
の映像そのものにニュースとしての価値を見出すからだ。

　テレビが視聴のメディアである以上、映像の視覚性が重視されることに何の不思議も
ない。視聴者に対し、視覚的により大きなインパクトを持ちうる映像をテレビ・ニュース
の編集者が大事にすることも当然だ。だが、視覚性をあまりに重視しすぎると、視聴者の
必要とする情報を適切かつ速やかに伝えるというニュース報道の趣旨からそれて、視聴者
の目を楽しませるだけのエンターテイメントになってしまう心配が多いにある。ニュース
報道とエンターテイメントの境界線をどこに引くか、意外に難しい。

（藤田博司『アメリカのジャーナリズム』岩波書店による）

（注1）竜巻：空気の細長くて強い渦巻

（注2）通信社：ニュースを取材し、新聞社、放送局、雑誌社などに提供する会社

（注3）途方に暮れる：方法や手段が尽きて、どうしてよいかわからなくなる

（注4）対岸の火事：自分には関係なく、苦痛もないこと

58 <u>そんな問い合わせが寄せられる</u>とあるが、その理由はなにか。

1　海外の国のほとんどは国土が大きいので、どんな災害も大きな災害になるため

2　国内では珍しい事件が多く、ほとんどが重大なニュースであるため

3　国内では高度な映像技術がなく、その代りに海外の映像を頼りにしているため

4　テレビの映像を見た編集者が新聞にも使用したいと考えたため

59 テレビで海外のニュースが使用される理由として適切なものはどれか。

1　テレビ局と視聴者がより大きな事件を求めているから

2　海外の映像は国内の映像に比べ、迫力があり視聴者が興奮するから

3　海外の映像は新聞では表せきれないありのままの姿を伝えていたから

4　海外の映像は新聞が取り扱わないため、低価額で取引されるから

60 筆者の考えとして適切なものはどれか。

1　ニュース報道はエンターテインメントの要素を取り入れた方がいい。

2　ニュース報道はエンターテイメントになりきってしまってはいけない。

3　ニュース報道とエンターテインメントは区別がつかなくても当然だ。

4　ニュース報道とエンターテイメントの境界線をはっきり決めてほしい。

5回

（２）

　近代という時代は、私はもう終わったと考えます。近代という時代は人間中心の時代、人間が世界の中心にいて自然を征服した時代だと言っていいでしょう。その自然を征服する道具は科学であり技術です。科学は自然を客観的に認識し、技術は自然をどうやって支配したらいいかその仕方を教えてくれました。その科学と技術が近代においてものすごく発展し、人間の自然征服がほぼ完了しました。それが現代ですね。

　しかし、それによって自然破壊が起こってきました。環境破壊です。近代の理念のままで行ったら、環境破壊はますますひどくなって地球には人間が住めなくなります。それはもう、はっきりしています。これを防ぐにはどうしたらいいでしょうか。理念を変えないといけないですね。人間が自然を征服するという考えをやめないといけません。自然には、人間以外にもたくさんの命があります。近代の考え方はそのたくさんの命を軽視して人間だけが偉いものだといいます。ほかの命は人間の利益のために滅ぼしても構わないというんです。そういう考え方を変えなくてはいけません。人間以外のたくさんの命と共存しないといけないという、そういう時代にきたわけです。（中略）だけど、その科学技術が今までのような自然を征服するためのもの、自然を征服して人間を楽しませるようなものをつくるための物ではいけないと言うんです。自然を汚さないようにする。自然の環境体系を壊さないような、そういう科学や技術に変わらないといけない。

　今は科学の大変革の時代なんです。そういう時代に科学技術を専攻することには大きな夢がありますね。それは儲けるだけの科学ではなく、人類のための科学になるわけです。
（注）
自然の不思議さを研究する、自然を尊敬する科学ですね。これは大変意義のあることです。

　　　　　　　　　（梅原猛『学ぶよろこびー創造と発見』朝日出版社による。一部変更あり）

（注）儲ける：金銭上の利益を得る

[61]　近代という時代の科学技術について適切なものはどれか。

1　地球上のすべての生き物を保護し、研究開発するもの

2　自然を汚さないような技術を開発し、自然を尊敬するもの

3　自然を支配する方法を示し、自然を客観的に認識するもの

4　環境体系を壊さない努力をし、自然の不思議を研究するもの

[62]　これとは何か。

1　世界の生き物の中で人間のみを尊重すること

2　環境破壊が進み地球には人間が住めなくなること

3　自然を征服する道具として科学技術を使うこと

4　人間が開発した科学技術が多大なる発展をすること

[63]　人類のための科学とあるが、どのような科学のことか。

1　地球上で人間だけを尊重し、人間を楽しませるものを作るための科学

2　人間と人間に有益な自然のみを大切にし、それを活用できるようにする科学

3　自然の中に生きる動物の命を大切にしつつ、人間が住みやすい環境を作るための科学

4　自然の征服ではなく、人類と自然が共存できるようにする手段としての科学

5
회

（３）

　戦前戦後の物のない時代、一般の日本人が今と比べて遥かに質素な暮らしをしていた
ころを知っている私の目から見ると、今の若い人々は物質的には何から何まで恵まれた生
活をしている。世界中の珍味が安く食べられ、行きたいと思うところは国内国外をとわず
手軽に出かけられる。欲しいと思った物は僅かの頭金を払えば直ちに手に入る。

　だが、それならば、今の若い人々は喜びにあふれ、希望に満ちた日々を送っているか
と言えば実はそうではないらしい。すばらしいオートバイを持っている若者はなんとかし
て早く自動車を買いたいのである。休暇にハワイで泳いできた青年は今度こそヨーロッパ
に行きたいと思う。あれをしたい、これを買いたいという欲望がすべてたやすくかなえら
れる時代に生まれた人はもっともっとという絶えざる欲求不満に悩ませられるのである。

　考えてみると、人間が何かを持ち、あることを経験する喜びとは、実際の経験、現に
所有しているという事実からだけ生まれるものではないようだ。誰でも覚えがあるよう
に、喜びは何かをする以前の待ち時間、何かを手に入れるまでの期待と願望の期間に含ま
れている。いや、逆説に聞こえるかもしれないが、この待ち時間に経験する期待の喜び
の方が実際の経験、現実の所有の結果、私たちが味わう喜びよりもはるかに強く充実し
たものであることすらあるのだ。旅行を計画して地図を拡げ、ここを見よう、あそこに
行こうと考える時、車を買ったら知人を訪れよう、故郷に家族をつれて行こうと思うと
き、私たちの胸は膨らみ、夢がひろがるのである。欲望が現実に満たされるまでこの「待
ち時間」が、何でも容易に手に入る時代に生きる今の若い人々から奪われてしまった。欲
しいものが欲しいと思った時、すぐに手に入ることは待ち時間の喜びを失うだけでなく、
所有の喜び自体も長年の念願がかなって手に入れたものに対する飛び上がらんばかりの
激しい喜びとは程遠いものとなる。

（鈴木孝夫『ことばの社会学』新潮文庫による）

　(注1) 何から何まで：なにもかも。すべて
　(注2) 珍味：珍しい味。めったに味わえない、変わった美味い食べ物
　(注3) 頭金：分割払いなどで、最初に払うある程度まとまった金銭

64 欲求不満に悩ませられるのであるとあるが、それはなぜか。

1 物欲が簡単に叶えられるため十分な喜びを感じられないから

2 自分の希望が叶えられず、我慢し続けなければならないから

3 購買意欲が高まっているのにも関わらず手に入れることができないから

4 欲しいものが手に入るまでに時間がかかり、手に入っても嬉しくないから

65 待ち時間が人に与えるものとして適切なものは何か。

1 ストレス

2 期待の喜び

3 実際の経験

4 欲求不満

66 筆者の考えとして最も適切なものは何か。

1 人間は欲しいものが手に入ると満足してすぐに飽きてしまう傾向がある。

2 現代社会は物質的に恵まれているのに自分は不幸だと感じる人が多い。

3 なんでも手軽に手に入る世の中なので若者の想像力が低下してきている。

4 物質的に豊かな現代社会では所有の喜び自体も薄くなってきている。

問題12 次のＡとＢの文章を読んで、後の問いに対する答えとして最もよいものを、
1・2・3・4から一つ選びなさい。

Ａ

　この度、睡眠不足と甘い物の関係性についての調査結果が出た。小腹が空いた時に
(注1)
ついつい食べたくなる甘いお菓子。それは睡眠不足が原因かもしれない。睡眠不足時
に「太りやすい食べ物」を摂取したくなる欲求について実験した結果、一般的に糖分
に関する欲求は脳によって制御されているが、睡眠不足になるとその制御ができなく
(注2)
なり、糖質を多く摂取するようになるというのだ。また、この調査では、十分な睡眠
時間を確保することで食欲を抑制することができるが、長く寝ればいいというわけで
はないことも報告されている。質の良い睡眠を1日7時間程度とることが重要だ。ま
た、睡眠の質も重要であるが、加齢によって睡眠の質が低下することも分かってきて
いる。

Ｂ

　どうすれば甘い物を我慢できるのか、というご相談ですね。甘い物を我慢すると言
ってもストレスが溜まっていると我慢なんてできませんよね。ここにこんな調査結果
があります。甘い物がやめられない人の多くは、セロトニンという幸せホルモンが不
足しているというものです。セロトニンは気分を安定させるのに必要な感情物質です。
これが不足すると摂食障害、暴行行動、うつ病などの問題が発生していると言われて
(注3)　　　　　　　　　　　　(注4)
います。また、セロトニンは睡眠に関係があるメラトニンという物質の原料にもなり、
夜に寝て、朝目覚めるという生活習慣にも影響を及ぼします。このセロトニンを増や
すには、朝日を浴びたり、運動をしたり、上質なたんぱく質を摂ったりしなければな
りません。要するに規則正しい生活をすると、甘い物に頼ることのない生活ができる
というわけです。こういった生活を無理なく続けて健康的に過ごしましょう。

（注１）小腹が空く：ちょっと空腹になる
（注２）制御：相手を押さえて自分の思うように動かすこと
（注３）摂食障害：食物をとる量と回数に偏りが生じ、拒食症または過食症となる障害
（注４）うつ病：憂鬱な気分が毎日続き、興味や喜びが感じられなくなる精神疾患

67 甘い物についてAとBは何を、またはどんな立場で述べているか。

1 Aは調査した結果について、Bは甘い物が体に与える影響について話している。

2 Aは調査結果について述べ、Bは調査結果をもとに相談者にアドバイスしている。

3 AもBも調査結果に対する自分の考えを述べている。

4 Aは会社員に、Bは相談者に調査結果を使ってアドバイスしている。

68 AとBに共通している考え方は何か。

1 甘い物がやめられない原因は様々であるということ

2 ストレスが溜まると甘い物が食べたくなるということ

3 よく寝られれば甘い物が食べたくならないということ

4 歳をとると睡眠不足で甘い物が食べたくなるということ

問題13　次の文章を読んで、後の問いに対する答えとして最もよいものを、1・2・3・4から一つ選びなさい。

　衣服は人間が「着る」ことによってはじめて人間のための衣服になる。つまり「着る」ということは、人間という肉体の上に着用者自身の「型^(かた)をつくる」ことである。型というと紋切り型^(注1)とか、型^(注2)にはまった、というように、近頃ではすっかりマイナスの意味に使われるようになってしまい、むしろ型なし^(注3)とか型くずし^(注4)のほうにプラスの価値をおいている。しかし、型なしと型くずしでは全然意味が違う。型なしというのははじめから型も何もないものであって、型くずしとは一応型が作られた上でくずすのである。(中略)型をつくることのできる人はくずせる代わりにまたもとに戻すこともできる。

　たとえば文字も一つの型である。書き順なしでくずした文字は自分にしか読めず、日記やメモなどの範囲では通用するが、他者に文の意味を伝えることはできない。つまり文字としての共通性がないのだから、そこではコミュニケーションの道具ではなくなる。くずし字というのは、書き順にしたがって楷書^(注5)で書き、そのうえでくずしたものが行書^(注6)であり、草書^(注7)である。だから行書や草書の書ける人は、当然のことながら楷書を書くことができる。また書き順を知らないまでも、文字の型をそのまま書けなければ文字にはならない。このように型というのは、そこに意味内容という実質^(注8)を含んでおり、それを表現した形が一つの型をなしているのである。ところが型というものが長い間、外面的な形としてのみ重き^(注9)がおかれており、見た目にさえその形をしていればよいのだ、といった「形だけでもごまかして」という感覚が、型の意味をすっかりゆがめてしまったのである。^(注10)

(寺井美奈子『ひとつの日本文化論』講談社による)

(注1) 紋切り型：きまりきった型。型どおりで新味がないこと
(注2) 型にはまる：きまりきった形式や方法どおりのもので個性や独創性がない
(注3) 型なし：本来の形を損なうこと。跡形のないこと
(注4) 型くずし：くずすこと。形・様式・模様などを簡略化すること
(注5) 楷書：漢字の書体のひとつ。点画を崩さないで書く最も標準的な書体
(注6) 行書：楷書をやや崩した書体で、楷書と草書の中間
(注7) 草書：行書をさらに崩した書体
(注8) 実質：実際に事物に備わっている内容や性質

(注9) 重きをおく：重要と考える

(注10) ゆがめる：物の形を正しくないようにさせる

69 <u>書き順なしでくずした文字</u>が型をなしていないのはなぜか。

1 行書や草書で書かれた文字が読めない人もいるから

2 書いた本人でも読むことが困難だから

3 自分以外の人に文の意味を伝えることができないから

4 日記やメモには使用することができないから

70 <u>だから行書や草書の書ける人は、当然のことながら楷書を書くことができる</u>とあるが、それはなぜか。

1 本来の正しい型の文字は知らないが、大体の型を知っているから

2 その文字の型を知っているので崩すことも元に戻すこともできるから

3 文字の見た目だけは知っているので形だけでもごまかしながら書けるから

4 書き順は知らなくても文字の型をそのまま書けるから

71 筆者が最も言いたいことは何か。

1 近頃では「型なし」の意味を間違えて使っている人が増えてきている。

2 見た目だけでもその形をしていれば「型くずし」として成立する。

3 「型」の意味の多くが最近ではマイナスの意味に変化してきている。

4 見た目がきれいであれば「型」など気にしなくても良い。

5回

問題14 次のページは、「川田市営スケートリンク」の利用のお知らせである。下の問い
に対する答えとして最もよいものを、1・2・3・4から一つ選びなさい。

72 浅島さん一家は冬休みに市営スケートリンクを利用しようと思っている。夫婦、
高校生1名、中学生1名、幼稚園児1名である。夫婦と高校生は1回分の料金を
払うが、中学生の子供と幼稚園児は一緒に5回以上来るつもりなので、回数券が
あればそれを買う。なお、滑る時に必要な物などは一切準備していない。一家は
全部でいくら払うか。

1　8,550円

2　8,950円

3　10,650円

4　13,150円

73 北村さんは12月3日(土)アルバイトの後、午後7時から友達と市営スケートリ
ンクに行くつもりだ。スケートリンクは利用できるか。

1　メインリンクだけ利用できる。

2　サブリンクだけ利用できる。

3　メインリンクもサブリンクも利用できる。

4　ホームページを見ないとわからない。

《川田市営スケートリンクのご利用について》

利用時間
① メインリンク：午前10時 ～ 午後8時
（メインリンクではアイスホッケー・フィギュアスケート・ショートトラックなどの競技が可能です。）
② サブリンク：11月 ～ 3月 午前9時～午後9時
　　　　　　　　4月 ～ 10月 閉館

休館日
○ 毎月第二月曜日
○ 年末年始（12月28日 ～ 1月3日）
○ 施設安全点検日
○ その他の一般利用できない日
　・競技大会開催日
　・代表選手強化訓練などの専用利用日
　・その他の団体利用日

※ 休館日・利用時間などの変更や詳細はホームページで随時お知らせいたします。スケートリンクをご利用の際は必ずホームページでご確認の上、お越しください。

利用料金

利用区分	個人	団体（10名以上）	回数券（5回分）	備考
一般	1,600円	1,400円	7,500円	別途貸靴代450円が必要です。
高校生	1,200円	1,000円	5,500円	
小中学生	800円	600円	2,500円	

幼児（未就学児）、70歳以上の方、障害者の方は無料。（別途貸靴代450円が必要です。）

注意点
○ 一回退場されますと、再入場はできませんのでご注意ください。
○ 滑走には手袋が必要です。お忘れの際はインフォメーションで手袋（300円）をお買い求めください。
○ 小学2年生以下は保護者（12歳以上）の同伴が必要です。
○ 70歳以上の方は入場前に係員に証明書をご提示ください。
○ 障害者の方は入場前に係員に証明書をご提示ください。介助の方（一名）は入場料は免除されますので、1階インフォメーションで入場券をお受け取りください。

5回

N2

聴解

（50分）

受験番号　Examinee Registration Number	

名前　Name	

問題 1

問題 1 では、まず質問を聞いてください。それから話を聞いて、問題用紙の 1 から 4 の中から、最もよいものを一つ選んでください。

例

1 先生にメールで聞く

2 友達にメールで聞く

3 研究室の前のけいじを見る

4 りょうの前のけいじを見る

1番

1 お客様に電話する

2 カウンターに確認する

3 げきじょうの中を見に行く

4 トイレの中を確認する

2番

1 会議室をセッティングする

2 プレゼン用の機械を試してみる

3 資料をにんずうぶんコピーする

4 資料を部長に確認してもらう

3番

1 アルバイトのにんずうを増やす

2 おみそしるの置き場所を変える

3 朝食のメニューを増やす

4 おにぎりの種類を増やす

4番

1 じっかに行く

2 アパートに行く

3 時計屋に行く

4 ケーキ屋に行く

5 番

1 てんじしつ1の入り口

2 てんじしつ2の入り口

3 てんじしつ3の入り口

4 中央ホール

問題2

問題2では、まず質問を聞いてください。そのあと、問題用紙のせんたくしを読んでください。読む時間があります。それから話を聞いて、問題用紙の1から4の中から、最もよいものを一つ選んでください。

例

1 友達とけんかしたから
2 かみがたが気に入らないから
3 試験があるから
4 頭が痛いから

1番

1 立ち入り禁止の場所に入ってしまうから

2 自分の外見ばかり気にしてしまうから

3 食べ物をむだにしてしまうから

4 町の中が汚くなってしまうから

2番

1 話す内容を覚えていなかったこと

2 下ばかり見て話していたこと

3 時間内に全て話せなかったこと

4 話す内容が多すぎたこと

3番

1 親は子供に叱られている理由を考えさせなければならない

2 親は叱る理由を子供に教えなければならない

3 叱ることと怒ることの違いを教えるべきである

4 子供を何度も叱って悪い事を理解させるべきである

4番

1 できるだけ小さく切ってほしい

2 小さく切らないでほしい

3 子供用のカレーを作ってほしい

4 ポテトサラダを作ってほしい

5番

1 成長して自然に治ったから

2 病院からよく効く薬をもらったから

3 薬を飲んだと思い込んでいたから

4 体も心も健康になったから

6番

1 子供の病気の看病で眠れなかったから

2 仕事が忙しくなったから

3 子供の入学準備で忙しかったから

4 バナナを食べていなかったから

問題3

問題3では、問題用紙に何も印刷されていません。この問題は、全体としてどんな内容かを聞く問題です。話の前に質問はありません。まず話を聞いてください。それから、質問とせんたくしを聞いて、1から4の中から、最もよいものを一つ選んでください。

－ メモ －

問題4

問題4では、問題用紙に何も印刷されていません。まず文を聞いてください。それから、それに対する返事を聞いて、1から3の中から、最もよいものを一つ選んでください。

－ メモ －

5
回

問題5

問題5では、長めの話を聞きます。この問題には練習はありません。問題用紙にメモをとってもかまいません。

1番、2番

問題用紙に何も印刷されていません。まず話を聞いてください。それから、質問とせんたくしを聞いて、1から4の中から、最もよいものを一つ選んでください。

－ メモ －

3番

　まず話を聞いてください。それから、二つの質問を聞いて、それぞれ問題用紙の1から4の中から、最もよいものを一つ選んでください。

質問1

1　商品ナンバー1
2　商品ナンバー2
3　商品ナンバー3
4　商品ナンバー4

質問2

1　商品ナンバー1
2　商品ナンバー2
3　商品ナンバー3
4　商品ナンバー4

JLPT
N2 파이널 테스트 1회
정답 및 청해 스크립트

1교시 언어지식(문자·어휘·문법)·독해

문제1	**1** ④	**2** ②	**3** ③	**4** ②	**5** ①

문제2 **6** ② **7** ④ **8** ① **9** ③ **10** ③

문제3 **11** ③ **12** ④ **13** ④

문제4 **14** ② **15** ③ **16** ④ **17** ① **18** ② **19** ③ **20** ④

문제5 **21** ④ **22** ③ **23** ④ **24** ① **25** ②

문제6 **26** ③ **27** ① **28** ③ **29** ② **30** ②

문제7 **31** ① **32** ③ **33** ② **34** ③ **35** ④ **36** ① **37** ④ **38** ④ **39** ① **40** ② **41** ①
42 ②

문제8 **43** ④ (3142) **44** ④ (2341) **45** ① (2413) **46** ③ (2134) **47** ④ (1342)

문제9 **48** ② **49** ③ **50** ① **51** ④ **52** ②

문제10 **53** ② **54** ③ **55** ② **56** ① **57** ②

문제11 **58** ② **59** ④ **60** ③ **61** ④ **62** ③ **63** ① **64** ② **65** ③ **66** ④

문제12 **67** ③ **68** ③

문제13 **69** ③ **70** ② **71** ①

문제14 **72** ③ **73** ④

2교시 청해

문제1 **1** ③ **2** ② **3** ④ **4** ② **5** ①

문제2 **1** ② **2** ④ **3** ② **4** ③ **5** ① **6** ④

문제3 **1** ④ **2** ① **3** ④ **4** ① **5** ②

문제4 **1** ③ **2** ② **3** ③ **4** ③ **5** ③ **6** ② **7** ① **8** ① **9** ② **10** ② **11** ③

문제5 **1** ③ **2** ② **3-1** ④ **3-2** ③

問題1

問題1では、まず質問を聞いてください。それから話を聞いて、問題用紙の1から4の中から、最もよいものを一つ選んでください。

例

授業で先生が話しています。学生は授業を休んだとき、どのように宿題を確認しますか。

M ええと、この授業を休むときは、必ず前の日までに連絡してください。

F メールでもいいですか。

M はい、いいですよ。あ、それから、休んだときは、私の研究室の前の掲示を見て、宿題を確認してください。友達に聞いたりしないで、自分で確かめてちゃんとやってきてくださいね。

F はい。

M それから、今日休んだ人、リンさんですね、リンさんは、このこと知りませんから、だれか伝えておいてくれますか。

F あ、私、リンさんに伝えておきます。同じ寮ですから。

M じゃ、お願いします。

学生は授業を休んだとき、どのように宿題を確認しますか。

1番

大学で女の学生と男の学生がクリスマスパーティーについて話しています。女の学生はこの後まず何をしますか。

M 明日はクリスマスかあ。美奈子は明日のクリスマスパーティー、参加する?

F うん、そのつもり。健太、確か準備係りだよね? 大変でしょ?

M そうなんだよ。ケーキの予約をしたり、ゲームの景品を用意したりしてさあ。しかも、まだ準備することが残ってて。

F え、言ってくれたら手伝ったのに…。私、ケーキ作るの得意だから作ることもできたよ。

M そうだったんだ。頼めばよかったなあ。あ、今からでも遅くないから、ちょっと手伝ってくれる?

F いいよ。何をすればいいの?

M 実は、パーティー会場、僕の家の1階で、母さんが経営してるカフェなんだ。母さんがカフェを好きなように使っていいよって言ってくれてさ。それでクリスマスの雰囲気を出したいんだけど…。僕にはセンスがなくて…。

F そういうことなら私に任せて。このあと、すぐ行く。

M ありがとう。あ、でも、待って。飾り付けるものとか準備してなかった。悪いけど買ってきてもらえるかな?

F うん、駅前の雑貨屋さんでツリーとかクリスマスっぽい物、何か買って行く。

M じゃ、僕は美奈子が来る前にとりあえず掃除済ませておくから。飾り付けできるものをもって僕の家に来てくれる?

F うん、わかった。

女の学生はこの後まず何をしますか。

2番

女の人と男の人が旅行について話しています。交通手段はどうすることにしましたか。

F さっき、さとみと来週の北海道旅行のこと話してたんだけどね。さとみが車出してくれるって。だから、みんなで交代しながら運転して行ったらいいかなって話してたんだけど…。

M 北海道まで車で行くの?

F うん、みんな免許持ってるし、観光するのも楽だしね。

M さとみの車って結構小さかったと思うんだけど? 5人も乗ったら狭いんじゃない?

F じゃ、レンタカーで行く?

M レンタカーだと、レンタル料金も必要だからなあ。それに時間もかかるし。じゃあ、飛行機で行くのは?

F それこそ高くなるんじゃない?

M じゃあ、新幹線は?

F 新幹線も時間がかかる割に値段が高いのよね。あ、そうだ。旅行会社のプランで行くのはどう? ホテルとセットのプランだったら飛行機の方がむしろ安くなる場合があるの。私が探してみようか? 旅行会社に勤めている先輩がいるから聞いてみる。

M うん。頼むよ。やっぱりお金だけじゃなくて時間も節約したいしね。

交通手段はどうすることにしましたか。

3番

市役所で男の人が健康診断について尋ねています。男の人は何で申し込みますか。

M あの、新聞で無料の健康診断について知ったんですが、誰でも申し込めるのでしょうか。

F 市に住んでいらっしゃる30才以上の方でしたら、どなたでも申し込めますよ。

M そうですか。健康診断って高いので、市で無料でやってくれると助かります。

F では、ぜひお申し込みください。来週24日の金曜日が締め切りとなっておりますので、それまでにお申し込みください。もし希望者が多い場合は先着順ですので、ご注意ください。

M そうなんですか。わかりました。ところで、申し込みは電話ですればいいんでしょうか。

F いえ、電話は受け付けていないんですよ。健康診断を受ける前にちょっとしたアンケート調査がありまして…。

M じゃ、ファックスとかメールですか。

F ええ、ファックスやメールでも受け付けておりますが、インターネットが一番便利だと思います。健康診断についての詳しい説明もございますし、市のホームページから直接お申し込みいただけますしね。

M へえ、じゃ、僕もそれで申し込んでみます。

男の人は何で申し込みますか。

4番

会社で女の人と男の人が話しています。女の人はこの後何をしなければなりませんか。

M 木村さん、ちょっといいかな?

F はい、部長。何でしょうか。

M さっき提出してもらった報告書のことなんだけど…。

F はい。

M 管理者についての報告はよくできてるんだけどね。工事担当者の名前が書かれてないんだよ。どうなってるのかな?

F はい、それが、担当者がまだ決まってなくて…。最終段階ではあるんですけど、まだ検討中でして…。

申し訳ございません。

M 候補者はいるのかな?

F はい。候補者は3人いるんですが…。

M そっかあ。じゃ、そのことがわかるように書いとかないと。書き直して提出してください。

F はい、わかりました。すぐ書き直します。

女の人はこの後何をしなければなりませんか。

5番

女の人がグラフを見せながら、発表しています。女の人が見せているのは、どれとどのグラフですか。

F 皆さん、こちらの表をご覧ください。これは我社の売り上げとライバル会社の川内食品の売り上げを比較した表です。グラフ1はここ5年間の売り上げを並べて示したものです。去年から川内食品の売り上げが急激に伸びていることがわかります。そして、こちらの円グラフをご覧ください。これは川内食品が今年1月に出した新商品「レモンチョコ」の売り上げの割合です。発売二ヶ月でこの新商品の売り上げが全体の30パーセントを占めています。

女の人が見せているのは、どれとどのグラフですか。

問題2

問題2では、まず質問を聞いてください。そのあと、問題用紙のせんたくしを読んでください。読む時間があります。それから話を聞いて、問題用紙の1から4の中から、最もよいものを一つ選んでください。

例

母親と高校生の女の子が話しています。女の子はどうして学校へ行きたくないのですか。

F1 どうしたの? 朝からためいきばっかり。だれかとけんかでもしたの?

F2 それはもういいの、仲直りしたから。それより、見てよ、この前髪。

F1 まあ、また、思い切って短くしたわね。

F2 こんなんじゃ、みんなに笑われちゃうよ。ねえ、今日学校休んじゃだめ?

F1 だめに決まってるでしょ。そんなこと言って、本当は今日の試験、受けたくないんでしょ。

F2 違うよ、ちゃんと勉強したんだから。そんなことより、ああ、鏡見るだけで頭痛くなりそう。

女の子はどうして学校へ行きたくないのですか。

1番

道で女の人と男の人が話しています。女の人はいつパン屋に行きますか。

F あ、加藤さん、大きな袋ですね。

M あ、はい。これ、全部パンなんです。

F パンですか。いいですね。私、パン大好きなんですよ。おいしいお店なんですか。

M はい、そうなんです。駅前のスーパーの横にあるパン屋ですよ。おいしくて有名なんです。しかも、今日はサービスデイで全品半額なんですよ。木村さんも行ってみてください。きっと気に入ると思いますよ。

F へえ、いいですね。でも、今日はこれからアルバイトに行かなくちゃいけなくて…。サービスデイっていつやってるんですか。

M サービスデイは毎月3日にやってますよ。

F じゃ、来月の3日に行ってみます。来月の3日は休みなのでちょうどよかったです。

M あ、でも、あそこは夜遅くまでやってますよ。確か、夜10時までやってたと思います。

F え！そうなんですか。遅くまでやってるんですね。じゃ、帰りにでも寄ってみます。

女の人はいつパン屋に行きますか。

2番

会社で女の人と男の人が話しています。来週、二人は何に参加すると言っていますか。

F 木村さん、風邪ですか。顔が赤いですよ。

M あ、これ、ちょっと焼けたんです。僕、肌が弱いから焼けたら赤くなってしまうんです。

F そうだったんですか。この時期に焼けるって、ハワイにでも旅行に行ってきたんですか。

M いえいえ。先週、友達と山登りに行ってきたんですよ。風は冷たかったんですけど、日差しが強くて日

焼けしてしまいました。久しぶりに自然の中で体を動かして、とても気持ちがよかったですよ。

F へえ、ジムで運動するよりよさそうですね。

M はい、来週も行くんですけど、斎藤さんもどうですか。実は、僕、ボランティアに参加していて、そこで知り合った友達と一緒にやってるんです。みんな面白くて優しい人ばかりですから、楽しいと思いますよ。

F いいですね。じゃ、ぜひお願いします。

来週、二人は何に参加すると言っていますか。

3番

女の学生と男の学生が話しています。女の学生は先輩にどんなアドバイスをされたと言っていますか。

M 吉田さん、久しぶりだね。最近どう？就職、決まった？

F それが全然だめで…。心が折れそう。もう9社も受けたんだけどね。どれも最終面接で落ちちゃって…。自信なくしちゃうよ。

M そっかあ。僕も同じようなものだよ。厳しいよね。

F 就職活動って、本当疲れるよね。面接の前に企業についてよく調べなきゃいけないから時間もかかるし。

M 履歴書も会社ごとに書き直さないといけないからね。

F あ、この前ね、偶然、木村先輩に会って話したんだけど。先輩にも言われちゃった。大企業にこだわりすぎだって。中小企業の中でもいい会社はたくさんあるから、調べてみた方がいいって。

M 僕も同じことを大学の就職担当の人に言われたよ。会社の名前で選ばずに、自分のしたいことについてよく考えた方がいいって。

女の学生は先輩にどんなアドバイスをされたと言っていますか。

4番

女の人と男の人が話しています。警察官が男の人に質問した理由は何ですか。

M この前、深夜に車で駅前を通ったら、いきなり警察官の人に止められたんだ。ちょっといいですかって。

F　え、それって、何か疑われて止められたんじゃない
　　の？泥棒とかさ。

M　僕もそう思って怪しいところはないことをアピールし
　　ようとしたんだ。でも、話を聞いてみると、どうも
　　そうじゃなかったんだ。

F　そうだったの。よかったじゃない。誤解されなくて。

M　でも、本当に焦ったよ。悪い事してないのに警察に
　　連れて行かれたらどうしようって。でも、そんな心
　　配いらなかったみたい。この間そこで交通事故があ
　　ったんだけど、あそこ防犯カメラがないから目撃者
　　を捜してるんだって。

F　そうだったんだ。あそこ、道も狭いし暗いから危な
　　いもんね。

M　うん。それに、変な人もいるからさ。車だけじゃな
　　くて女の人が夜一人であそこを歩くことも気を付け
　　た方がいいよ。一応、警察もパトロールしてるって
　　言ってたけどね。

F　そうなんだ。私も気を付ける。

警察官が男の人に質問した理由は何ですか。

5番

**女の人と男の人が話しています。バドミントン大会はど
うして延期することになりましたか。**

F　伊藤さん、来週、バドミントンの大会を開くんだよ
　　ね？準備の方は上手くいってる？

M　う〜ん。実は場所の確保が難しくてね。どこの体育
　　館も休日は予約でいっぱいで取れなかったんだよ。
　　しかも、先週までは大会の運営を手伝ってくれるス
　　タッフが足りなくて、心配してたんだ。そっちの方
　　は大学のバドミントンサークルの後輩たちが手伝っ
　　てくれることになって。でも結局、延期することに
　　なっちゃった。

F　アマチュアの大会なのに、準備が結構大変なのね。

M　そうなんだよ。実は去年の今頃も、大会を開こうと
　　したんだけど、インフルエンザの流行で中止になっ
　　ちゃったしね。

F　そうだったの？それは残念だったね。ところで、大
　　会ってことは景品もあるんでしょ？

M　ああ、もちろんだよ。大会の景品も届くのが遅れ
　　るかもしれないって連絡が来て焦ったんだけど、無
　　事、昨日届いたよ。すごく高価な景品なんだ。

F　どんな景品なの？気になる。

**バドミントン大会はどうして延期することになりました
か。**

6番

**大学で女の留学生と男の留学生が話しています。男の
留学生はどんなレポートを出しますか。**

M　あ、キムさん、今時間ある？僕、先週のゼミ、体
　　調が悪くて休んじゃって…。レポート課題の内容が
　　わからないんだけど、教えてくれないかな？

F　うん、いいよ。この前、日本文化についてレポート
　　を書いたのを覚えてる？

M　うん、僕は食文化について書いたんだ。お味噌汁
　　について調べたんだけど、地域によってお味噌汁の
　　種類がたくさんあって結構面白かったよ。

F　へえ〜。面白そうだね。それで、今回はね、あれを
　　発展させて、自分の出身地と日本を比較するんだっ
　　て。

M　へえ〜、そうなんだ。それでキムさんは、どんな文
　　化にしたの？

F　ファッションについて書こうかなって思ってるんだ。
　　着物について調べるのも面白そうだと思ってね。ヤ
　　ンさんは？

M　そうだね。僕は音楽にしようかな。じゃあ、さっそく、
　　図書館で調べてみるよ。教えてくれてありがとう。

男の留学生はどんなレポートを出しますか。

問題3

問題3では、問題用紙に何も印刷されていません。こ
の問題は、全体としてどんな内容かを聞く問題です。
話の前に質問はありません。まず話を聞いてください。
それから、質問とせんたくしを聞いて、1から4の中か
ら、最もよいものを一つ選んでください。

例

**テレビでアナウンサーが通信販売に関する調査の結果
を話しています。**

F　皆さん、通信販売を利用されたことがありますか。

買い物をするときは店に行って、自分の目で確かめてからしか買わないと言っていた人も、最近この方法を利用するようになってきたそうです。10代から80代までの人に調査をしたところ、「忙しくて買いに行く時間がない」「お茶を飲みながらゆっくりと買い物ができる」「子供を育てながら、働いているので、毎日の生活になくてはならない」など多くの意見が出されました。

通信販売の何についての調査ですか。

1　利用者数
2　買える品物の種類
3　利用方法
4　利用する理由

1番

テレビでアナウンサーが話しています。

M　最近、新型ウイルスの影響で自宅にいる時間が増えたことにより、通販の売り上げが伸びているそうです。外に出る必要もなく自宅にいながら買い物をするというショッピングのスタイルが、ますます広がってきています。従来の通信販売ではテレビで通販番組が行われていたり、または自宅に送付されてくる通販カタログで商品を選ぶのが主流でした。商品に関しての情報はテレビなら映像、カタログなら写真のみでした。しかし最近ではその両方のメリットを兼ね備えたネット通販が好調なようです。では、どんな商品が売れているのでしょうか。最新のランキングでは、1位家電製品、2位食品、3位ゲームとなっていて、やはり家の中で快適に過ごすための商品に人気が集まっているようです。

男の人は何について話していますか。

1　インターネットテレビ
2　最近人気のテレビ
3　テレビによる通信販売
4　インターネットによる通信販売

2番

テレビで女の人が話しています。

F　今日はスパイスのお話です。スパイスはカレーはも

ちろん、ケーキなどのお菓子やパンの材料としてもよく使われますよね。スパイスは食欲増進や整腸作用など、体にうれしい働きもしてくれます。さらにスパイスの色、香り、苦みの成分であるポリフェノールには、アンチエージングの効果も期待できるんですよ。スパイスを料理に上手に使うことで砂糖や塩の使用を減らすこともできるので、皆さんもぜひ、料理にスパイスを取り入れてみてください。

女の人は、何について話していますか。

1　スパイスの効能
2　スパイスの種類
3　スパイスを使ったレシピ
4　スパイスの副作用

3番

大学で男の学生と先生がプレゼンテーションについて話しています。

F　清水さん、プレゼンテーションのテーマはもう決まりましたか。

M　すいません、一応、考えてはいるんですが…。なかなか決まらなくて…。

F　発表は来月ですけど、そろそろ準備した方がいいですね。どんなことをやりたいと思ってるんですか。

M　自然災害について興味があるので、それに関連したことをやりたいと思っているのですが…。

F　自然災害ですか。そうですね。自然災害にも種類がありますからね。もう少し具体的に考えてみるのはどうでしょう。

M　最近、地震が多いですから、地震について調べてみます。

F　いいと思いますよ。でも、地震というテーマだけだと範囲が広すぎますから、もう少し具体的にみんなが知りたがっているようなことを調べてみてはどうでしょうか。

M　はい…。では、地震が起きたら何をすべきなのかとか、地震が起きる前に自分たちでできる対策とか…ですかね？

F　いいと思いますよ。そういったところからテーマを考えて、いい発表にしてください。

M　はい、頑張ってみます。

先生が学生にもっとも言いたいアドバイスは何ですか。

1 プレゼンのテーマを今日中に決めるように
2 自然災害の種類について調べるように
3 地震が起きた時の対策をするように
4 プレゼンのテーマを絞るように

4番

会社で女の人と男の人が話しています。

M 今回は久しぶりの新商品だし、何か新しい方法でやっていきたいですね。

F そうですね。この前は雑誌に広告を載せたんですが、反応がいまいちでしたしね。やっぱり、今の時代、テレビや雑誌広告は古いのではないでしょうか。

M そうかも知れません。最近の若い人たちは、テレビや雑誌を見ませんからね。やっぱり、スマホの時代ですから、スマホで見られるネットのサイトなどが一番いいのではないでしょうか。

F でも、今回の新商品は実際に手に取ってもらわないと、なかなかよさが伝わらないと思うんですよ。ですから、サンプルを作って、それを無料で配るというのはどうでしょう。

M それもいい考えだと思いますが、最近は道でサンプルを配っても、受け取ってくれる人があまりいないですし、捨てられてしまうかも知れませんからね。そうなるとゴミにしかなりませんし…。

F う〜ん。難しいですね。商品のよさが伝わるいい方法はないものですかね。

M そうだ。ＳＮＳやブログなどを利用しているインフルエンサーに商品を紹介してもらうのはどうでしょうか。

F いいですね。それなら、いろんな人に見てもらえますし、影響力も大きいですからね。

二人は何について話していますか。

1 商品の宣伝方法
2 商品サンプルを配る方法
3 新商品の販売方法
4 新商品の開発方法

5番

テレビで男の人が話しています。

M 子供は日々、成長していきますよね。よく成長期には牛乳を飲めと昔から言われてきましたが、果たして、それは正しいのでしょうか。確かに、カルシウムを多く含む牛乳は背を伸ばすのにいい食品だと言えるでしょう。しかし、飲めば必ず誰でも背が伸びるというわけではないですよね。最近では背を伸ばすための薬も登場していますが、それだけでは不十分です。栄養面も大切ですが、筋肉に適度な刺激を与えたり、十分な睡眠なども必要です。要するに規則正しい生活が成長期の子供にとっては一番大切だということですね。

男の人は何について話していますか。

1 身長が伸びる薬
2 身長の伸ばし方
3 身長が伸びる食べ物
4 牛乳の飲み方

問題4

問題4では、問題用紙に何も印刷されていません。まず文を聞いてください。それから、それに対する返事を聞いて、1から3の中から、最もよいものを一つ選んでください。

例

F 今日ちょっと、残って仕事してってもらえない？
M 1 今日ですか。はい、分かりました。
　 2 すみません、今日遅くなったんです。
　 3 残りは、あとこれだけです。

1番

M 今日、午後3時にそちらに伺ってもよろしいでしょうか。
F 1 はい、では3時に伺います。
　 2 はい、伺ってもいいですよ。
　 3 あの、今日は予定がありまして…。

2番

M ご結婚、おめでとうございます。末永くお幸せに。

F 1 こちらこそ、どういたしまして。
　 2 ありがとうございます。幸せになります。
　 3 早く、幸せになりたいです。

3番

F これは、いったいどういうつもりですか。

M 1 はい、後でするつもりです。
　 2 いいえ、そんなわけありません。
　 3 ご迷惑をおかけして申し訳ありません。

4番

F 次の英語のテストっていつだったっけ？

M 1 うん、昨日だったよね。
　 2 うん、いつでも大丈夫だよ。
　 3 えっと、来週の水曜日だよ。

5番

M かわいい孫の頼みなら、聞かないわけにいかないなあ。

F 1 そんなわけないよ。
　 2 そういわず、なんとか。
　 3 本当、そうだね。

6番

F もう、ゲームも漫画も出しっぱなしじゃない。

M 1 あ、ごめん。すぐ入るよ。
　 2 すぐ片付けるから。
　 3 捨てるはずないよ。

7番

M 寒いね。今、お湯沸かすから、コーヒーでもどう？

F 1 うん、お願い。
　 2 御馳走さまでした。
　 3 あっという間だったね。

8番

F さっき、コンビニに行く途中で信号無視した車にひかれるところでした。

M 1 けがをしなくてよかったですね。
　 2 大きな事故だったのに、大丈夫でしたか。
　 3 信号無視しちゃだめですよ。

9番

M こちらの資料、コピーを取らせていただきたいのですが…。

F 1 いいえ、これは、結構です。
　 2 これは、お見せすることしかできません。
　 3 こんなの、要らないに決まってるでしょう。

10番

F 山田君、急に来られると困りますよ。次は事前に連絡してから来てください。

M 1 はい、では、あとで連絡しますね。
　 2 至急、お伝えしておきたいことがありまして…。
　 3 すいません。できるだけ連絡しないようにします。

11番

F 料理、初めてにしては、なかなか上手いじゃない。

M 1 すいません。やる気だけはあるのですが…。
　 2 はい、慣れていませんから…。
　 3 お口に合って良かったです。

問題5

問題5では、長めの話を聞きます。この問題には練習はありません。問題用紙にメモをとってもかまいません。

1番、2番

問題用紙に何も印刷されていません。まず話を聞いてください。それから、質問とせんたくしを聞いて、1から4の中から、最もよいものを一つ選んでください。

1番

デパートで女のお客と男の店員が話しています。

M　いらっしゃいませ。何かお探しの物はございますか。

F　あの、外国人に喜ばれるお土産って、何がありますかね。息子がアメリカへホームステイに行くので、ホストファミリーにあげるお土産を持って行かせようと思ってるんですが…。

M　そうですね。やはり、食品が人気です。さきほども中国のお客様がいらっしゃって、日本酒をお求めになって行きましたよ。

F　お酒ですか…。お酒って、たいてい瓶なんですよね。スーツケースの中に入れて割れたらまずいですし…。

M　それなら、こちらの商品なんてどうでしょう。こちらの商品はペットボトルに入った日本酒なんですよ。

F　パッケージが英語なんですね。持ち運びは楽ですけど、なんだか日本らしさがないですね。

M　後は、缶詰なんかも人気ですよ。日本の缶詰はおいしいものが多いと外国の方に人気なんです。

F　そうなんですか。それは知りませんでした。

M　日本っぽいものですと、おでんの缶詰とかですかね。たこ焼きの缶詰なんかもありますよ。

F　へえ、そんなものもあるんですか。缶詰は割れる心配はないですけど、ちょっと重いですよね。他にも何かありますか。

M　そうですね。最近は日本のお菓子も人気があるんですよ。中でも日本のじゃがいもがおいしいといってポテトチップスがとても人気なんです。それから、意外にチョコレートなども人気です。最近は日本にしかない、わさび味のチョコレートやノンアルコールですが日本酒味のチョコレートなんかも売れてますね。

F　へえ、ポテトチップスはアメリカにもあるし…。個人的にはたこ焼きの缶詰がすごく気になりますけど。今回はお土産だし…。やっぱり、お酒がいいかなあ。

M　息子さんがホームステイするお家のお子さんは、おいくつくらいなんですか。

F　うちの子と同じ小学6年生です。

M　でしたら、本物のお酒よりもお菓子の方が喜ばれるかもしれませんね。

F　じゃあ、雰囲気だけでも味わってもらうためにあのお土産にします。

女の人は何を買うことにしましたか。

1　日本酒

2　缶詰

3　チョコレート

4　ポテトチップス

2番

会社で3人が話しています。

M1　今年の冬の新メニューだけど、この試作品の中だったらどれがいいと思う？

F　そうですね。私は、やっぱりいちごスムージーですね。クリスマスも近いですし、クリスマスカラーの赤色で、かわいいじゃないですか。

M2　でも、冬にアイスは売れないんじゃないですかね？なので、僕は、ホットみかんラテがいいと思います。珍しいし、みんなが気になる味だと思うんです。

F　部長はどれがいいと思うんですか。

M1　ホットココアが一番、大人から子供まで飲みやすいと思うんだけど、いちごスムージーやみかんラテに比べたらインパクトがないかな。冬は風邪を引きやすい季節だし、やっぱり、あったかいのがいいよね。だから喉にいいジンジャーティーもいいと思うんだ。

F　そうですね。冬の風邪予防として売り出すのもいいですね。

M2　でも、ホリデーカフェの新メニューが生姜茶でしたから、ちょっと似てしまいますね。似ていてもいいんですが、値段や味が比較されてしまいますからね。

M1　そっかあ。やっぱり個性的でインパクトがある方がいいから、今回はこのメニューにしよう。

3人はどの飲み物を冬の新メニューにすることにしましたか。

1　いちごスムージー

2　ホットみかんラテ

3　ホットココア

4　ホットジンジャーティー

3番

まず話を聞いてください。それから、二つの質問を聞いて、それぞれ問題用紙の1から4の中から、最もよいものを一つ選んでください。

夫婦が牧場で体験講座の案内を聞いています。

F1 では、本日の体験講座について説明させていただきます。まずはピザ作り体験です。こちらは午前10時開始です。この牧場でとれた新鮮なチーズと野菜を使い、お好きなピザを作っていただけます。お子様でも簡単に作ることができ、所要時間は1時間30分ですので、昼食として出来上がったピザを召し上がっていただけます。次に、動物触れ合い体験です。これは午後2時からで、子羊や子牛と触れ合っていただけます。子牛には哺乳瓶でミルクをあげることもでき、お子様に人気の体験です。次は2時30分から始まるポニー乗馬体験です。ポニーは小さい馬ですから、2歳からならお子様でも安心して乗っていただけます。そして3時からは牛の乳しぼり体験です。しぼっていただいたミルクをその場で試飲していただけますし、その後アイスクリームを作って召し上がっていただけます。

M どれも楽しそうだけど、やっぱり自分で作ったピザは格別においしいだろうな。

F2 え～、私、今日は張り切ってお弁当作ってきたのよ。お弁当もピザもって、そんなにたくさん食べられないでしょ。

M あ、そうだったね。じゃあ、やっぱり、牧場に来たんだし、太郎を牛と触れ合わせたいよね。太郎、小さくてかわいい動物好きだし。

F2 それもいいけど、太郎も、もう3歳だし、小さい動物だけじゃなくて大きい動物と触れ合うのはどうかな？あの体験なら太郎の好きなアイスも食べられるみたいだし。

M そっかあ。じゃ、そっちにしようか。あとはポニーもいいよね。写真もとって、いい記念にもなるし。

F2 いくらポニーが小さくておとなしいといっても、まだ3歳だから怖がるんじゃないかな。

M でも2歳から乗れるっていうし、なんでも挑戦だよ。

F2 まあ、それもそうね。

M じゃ、決まりだね。

質問1

女の人が選んだ体験講座は何ですか。

質問2

男の人が選んだ体験講座は何ですか。

JLPT
N2 파이널 테스트 2회
정답 및 청해 스크립트

1교시 언어지식(문자 · 어휘 · 문법) · 독해

문제1 **1** ③ **2** ③ **3** ② **4** ① **5** ④

문제2 **6** ④ **7** ② **8** ④ **9** ③ **10** ②

문제3 **11** ③ **12** ④ **13** ②

문제4 **14** ③ **15** ② **16** ④ **17** ① **18** ② **19** ③ **20** ③

문제5 **21** ② **22** ③ **23** ① **24** ② **25** ④

문제6 **26** ② **27** ② **28** ① **29** ④ **30** ③

문제7 **31** ① **32** ③ **33** ② **34** ② **35** ④ **36** ① **37** ④ **38** ② **39** ④ **40** ① **41** ②

    42 ④

문제8 **43** ① (2413) **44** ② (4231) **45** ④ (3142) **46** ③ (4132) **47** ④ (3241)

문제9 **48** ③ **49** ④ **50** ② **51** ③ **52** ①

문제10 **53** ④ **54** ③ **55** ④ **56** ② **57** ①

문제11 **58** ④ **59** ④ **60** ③ **61** ④ **62** ③ **63** ① **64** ③ **65** ① **66** ④

문제12 **67** ③ **68** ④

문제13 **69** ③ **70** ② **71** ①

문제14 **72** ③ **73** ④

2교시 청해

문제1 **1** ② **2** ④ **3** ④ **4** ③ **5** ③

문제2 **1** ④ **2** ③ **3** ④ **4** ① **5** ④ **6** ③

문제3 **1** ③ **2** ③ **3** ④ **4** ④ **5** ③

문제4 **1** ① **2** ③ **3** ③ **4** ① **5** ② **6** ② **7** ③ **8** ② **9** ③ **10** ① **11** ②

문제5 **1** ② **2** ③ **3-1** ④ **3-2** ③

問題1

問題1では、まず質問を聞いてください。それから話を聞いて、問題用紙の1から4の中から、最もよいものを一つ選んでください。

例

授業で先生が話しています。学生は授業を休んだとき、どのように宿題を確認しますか。

M　ええと、この授業を休むときは、必ず前の日までに連絡してください。

F　メールでもいいですか。

M　はい、いいですよ。あ、それから、休んだときは、私の研究室の前の掲示を見て、宿題を確認してください。友達に聞いたりしないで、自分で確かめてちゃんとやってきてくださいね。

F　はい。

M　それから、今日休んだ人、リンさんですね、リンさんは、このこと知りませんから、だれか伝えておいてくれますか。

F　あ、私、リンさんに伝えておきます。同じ寮ですから。

M　じゃ、お願いします。

学生は授業を休んだとき、どのように宿題を確認しますか。

1番

カフェで店長と店員が話しています。店員はまず何をしなければなりませんか。

M　加藤さん、手空いてたら今から冷蔵庫の中を掃除してほしいんだけど。

F　はい、わかりました。

M　昨日、冷蔵庫が壊れちゃって、これからその修理の人が来るから、できるだけ早くしてくれると助かるなあ。

F　はい、じゃ、早めにします。

M　あ、そうだった。牛乳の予備って冷蔵庫にあったっけ？もしなかったら、先にそれを買いに行ってくれる？

F　はい、確認してみます。

M　あ、買い物は待って。今日、僕、郵便局に行くから

そのついでに買ってくるよ。とりあえず、予備がなかったら教えて。

F　わかりました。

店員はまず何をしなければなりませんか。

2番

男の人と店員が話しています。男の人はこれから何を買いますか。

M　すいません。バレンタインデーのお返しとして彼女にプレゼントを買いたいんですが…。僕、こういうの初めてで…。どんなものが人気ですか。

F　いらっしゃいませ。そうですね。では、こちらなんていかがでしょうか。ホワイトデーに向けた新商品のシルバーリングなんですが、とても人気なんですよ。

M　へえ、とってもゴージャスですね。でも、彼女、普段あまりこういう派手なのつけなくて…。それに、パティシエなので手につけるアクセサリーはちょっと…。もっと職場にふさわしいものはないですかね。

F　そうですか。アクセサリーはいつもつけるというわけではなく、特別な日や気分転換でつける方もいらっしゃるので、喜ばれると思うのですが…。

M　う〜ん。でも、やっぱり、ネックレスにしようかな。ネックレスの方を見せてください。

F　はい、かしこまりました。でしたら、こちらのシンプルなネックレスなんていかがでしょうか。彼女さんの普段の雰囲気が派手な方ではないとお聞きしたので、その雰囲気に合うものをご用意しました。あまり目立ちませんが、質のいいダイヤモンドを使用しております。

M　これいいですね。あ、やっぱり、さっき店員さんがお勧めしてくれたものの方が彼女喜びそうなので、あれにします。

男の人はこれから何を買いますか。

3番

夫婦で話しています。女の人はこの後何をしますか。

F　ねえ、今日、お義父さんのお誕生日だから一緒に夕飯を食べることになってるじゃない？どこを予約したらいいかしら？

M そうだなあ。焼き肉でいいんじゃないか？ 父さん、焼き肉大好きだし。デパートの最上階にある、あのお店がおいしいって聞いたよ。ちょっと高いけど。

F そうね。でも、お義母さん、最近脂っこい物が食べられないっておっしゃってたわよ。胸がムカムカするからって。だからしゃぶしゃぶの方がいいんじゃない？ しゃぶしゃぶだったら家で用意できるよ。

M 母さんも年だしなあ。でも、今から家で準備するのは大変だろう。

F まあ、そうね。じゃ、お寿司とか？ それだったらお義母さんも食べられるんじゃないかしら。ネットでお寿司のおいしいお店を探してみるから。

M う～ん。僕が母さんと父さんに食べたいものを電話して聞いてみようか。

F うん、お願い。あ、でも待って。遠慮して好きなものおっしゃらないかもしれないわ。

M そうだな。じゃあ、やっぱり悪いけど、お店探してくれる？

F ええ、わかった。

女の人はこの後何をしますか。

4番

レストランの店員と男の人が電話で話しています。レストランの人は何を用意しますか。

F はい、タワーレストランでございます。

M あ、5月22日に予約した伊藤と申しますが、予定していた席を変更したいのですが…。

F はい、ご希望の席がございますか。

M できれば、窓側で夜景の見える個室がいいんですが。

F 伊藤様はプロポーズプランでしたよね。夜景の見える個室のご予約、可能ですよ。では、お飲み物とお料理の方は変更ございませんか。プロポーズプランですので、ケーキとお飲み物はこちらでご用意致します。その他にも追加料金でプレゼントや指輪のご準備も可能ですよ。人気なのは花束のプレゼントですが。

M あ、そうなんですか。でも、指輪はこっちでもう準備してあるので大丈夫です。あ、ちょっとしたサプライズをするので、はさみをお借りできますか。

F はい、ご用意しておきます。

M よろしくお願い致します。

レストランの人は何を用意しますか。

5番

会社で女の人と男の人が話しています。女の人はまず何をしなければなりませんか。

M 田中さん、ちょっと頼みたいことがあるんだけど。

F なんですか。

M 僕、明日から出張で来週の会議に出られないんだ。それで、僕の代わりに会議に出席して会議の内容をメールで送ってほしいんだよ。

F はい、わかりました。

M それから、今週中に取引先に渡す資料を作っといてくれるかな？ 僕はこれから会議に出席しなければならないんだ。資料の内容は会議が終わってから説明するから。

F はい、わかりました。

女の人はまず何をしなければなりませんか。

問題2

問題2では、まず質問を聞いてください。そのあと、問題用紙のせんたくしを読んでください。読む時間があります。それから話を聞いて、問題用紙の1から4の中から、最もよいものを一つ選んでください。

例

母親と高校生の女の子が話しています。女の子はどうして学校へ行きたくないのですか。

F1 どうしたの？ 朝からためいきばっかり。だれかとけんかでもしたの？

F2 それはもういいの、仲直りしたから。それより、見てよ、この前髪。

F1 まあ、また、思い切って短くしたわね。

F2 こんなんじゃ、みんなに笑われちゃうよ。ねえ、今日学校休んじゃだめ？

F1 だめに決まってるでしょ。そんなこと言って、本当は今日の試験、受けたくないんでしょ。

F2 違うよ、ちゃんと勉強したんだから。そんなことより、

ああ、鏡見るだけで頭痛くなりそう。

女の子はどうして学校へ行きたくないのですか。

1番

スーパーで店長とアルバイトが話しています。アイスクリームがよく売れた主な理由は何ですか。

M 店長、もうアイスクリームの在庫がありませんよ。

F あ、本当だ。今日は２０パーセントオフの日だからかな。よく売れるね。

M そうですね。でも、先週の日曜もセールでしたけど、ここまで売れませんでしたよ。

F そういえばそうだね。しかも、先週の方が暑かったしね。なんでかな。どんな人が買って行ったの？

M いつも部活帰りに買いに来てくれる学生さんもいたんですけど、今日は大人の方が多く買って行かれましたよ。しかも、たくさん。

F あ、忘れてた。今日、体育の日だ。それで、売れたんだね。

M あ、そういえば、近くの小学校で運動会だってポスターで見ました。

アイスクリームがよく売れた主な理由は何ですか。

2番

女の学生と男の学生が話しています。男の学生はどうして、インフルエンザにかかりませんでしたか。

M 真奈美、もう大丈夫？インフルエンザだったんだろう？

F うん。もう元気になったよ。一週間も学校休んでたからね。私が休んでいる間も、学校中でインフルエンザが流行ってたって聞いたけど、翔太は大丈夫だった？

M うん、僕はこの通り。元気、元気。

F なんでそんなに元気なの？何か予防でもしてたの？あ、そっかあ。インフルエンザの予防接種を受けたんだ。

M え？違うよ。僕、注射とか苦手で…。去年はしたけど、もうあんな痛い思いは嫌だから今年はしてないんだ。

F え～、意外。じゃ、レモンとかビタミンの多いものを食べるようにしてるとか？

M 僕、酸っぱいもの苦手だから、それもしてないよ。

F じゃ、手洗い、うがいにマスクとか？でも、翔太がマスクしてるの見たことないし。

M そうだね。それもあんまりしてないかな。でも最近、ジョギングを始めたんだけど、ジョギングした日は疲れて夜早く寝てしまうんだ。たぶん、それでじゃないかな。

F そっかあ。私もインフルエンザも治ったことだし、運動でもしようかな。

男の学生はどうして、インフルエンザにかかりませんでしたか。

3番

女の人と男の人が話しています。ドラマはどうして放送中止になりましたか。

F ねえ、聞いてよ。昨日、すごく楽しみにしていたドラマが急に放送中止になっちゃったよ。

M そうだったね。そのおかげで、僕は野球を最後まで見れたよ。いつもだったら、９時には終わっちゃうんだけど、昨日はなぜか最後まで放送してくれて…。なんでだったんだろう。

F 知らないの？ニュース見てないんだあ。

M え？ニュース？何か大きな事件でもあったっけ？

F もう、スポーツにしか関心がないんだから。昨日、そのドラマに出てる俳優が運転してた車が事故を起こしたのよ。

M え、そうだったの？知らなかったなあ。あ、それで入院でもして撮影できなくなったんだね。

F まあ、撮影できなくなったのは間違いではないけど…。彼は無事だったみたい。でも、相手の車を運転していた人が入院してて…。実は彼、お酒を飲んで運転したらしくて。

M それは、ダメだね。

F だから、今、代わりの俳優を探してるんだって。

ドラマはどうして放送中止になりましたか。

4番

店長とアルバイトが話しています。店長はどうしてアルバイトに怒りましたか。

M 店長、お疲れさまでした。

F え、ちょっと待って。山田さん、もう帰るの？

M はい。あ、忙しくてちゃんと報告もできませんでしたが、今日はミスをしてしまって本当にすいませんでした。

F うん、そうだね。でも、謝る相手が違うでしょ。

M あ、ぶつかってしまったお客様には謝って、新しいコーヒーをお渡ししました。コーヒーを無駄にしてしまってすいませんでした。コーヒー代は僕の今月のアルバイト代から引いてください。

F それはいいのよ。でも、その新しいコーヒーは誰がいれたの? 山田さん?

M え～っと、僕はお客様の対応をしていたので、木村さんがいれてくれました。

F じゃ、木村さんが作りなおしてくれたんだよね? 木村さんには何か一言、言った?

M いいえ、まだ…。忙しくて気がつきませんでした。

F お客様とぶつかってしまったことはしょうがないし、誰にでも失敗はあるからね。仲間なんだから助け合うのは当然だけど。でも、ごめんなさいとありがとうは言ってほしいのよ。

M はい、すいませんでした。僕、木村さん、探してきます。

店長はどうしてアルバイトに怒りましたか。

5番

女の人と男の人が話しています。女の人が相談した理由は何ですか。

F ねえ、ねえ、この前ね、電車で通勤してたら、事故があって、出社がギリギリになっちゃったの。でも遅刻してないのに、部長ったら、今度からは気を付けてくれって怒るのよ。

M う～ん、まあ、電車って結構遅れること多いし。トラブルも想定して早めに乗らないとね。

F そうだけど、遅刻してないのに怒るなんて。ひどいと思わない?

M 部長の言う通り、今度から気を付けたらいいんじゃないの?

F もう～、私は具体的なアドバイスが欲しくて話しているわけじゃないの。うん、うん、そうだね、って聞いてくれる人が欲しかったのに。

M あ、そうだったの? 僕だったら怒ってほしくて相談する時もあるけどなあ。

F 客観的な意見が欲しいって言う人もいるけど、私は違うよ。ただ、最後まで話を聞いてほしかっただけなの。

M わかったよ。次からはそうするよ。

女の人が相談した理由は何ですか。

6番

女の子と男の子が話しています。女の子はどうしてスイミングスクールを辞めたいと言っていますか。

M そういえば、今日って、スイミングスクールの日じゃなかったっけ? 行かなくていいの?

F うん、もうやめるつもりだから。いいんだ。

M え、どうしたの? 勉強する時間がないから?

F まあ、忙しいけど、そうじゃないんだ。

M じゃあ、コーチが厳しいから? 練習厳しいって言ってたもんね。

F 厳しいコーチだけど、練習以外ではいいコーチだよ。悩みとかも聞いてくれるしね。

M じゃあ、なんで? 他にもやりたいことができたとか?

F う～ん。実は最近、試合での成績があんまり良くなくて…。この前の大会では1勝もできなかったし。いくら練習しても、あんまり上達した感じがしないんだ。それで、なんか他のスポーツもしてみた方がいいのかなって。

M それで、やめるの? でも、まだ泳ぐの好きなんでしょ? 一回、コーチに相談してみなよ。

F うん、そうだね。

女の子はどうしてスイミングスクールを辞めたいと言っていますか。

問題3

問題3では、問題用紙に何も印刷されていません。この問題は、全体としてどんな内容かを聞く問題です。話の前に質問はありません。まず話を聞いてください。それから、質問とせんたくしを聞いて、1から4の中から、最もよいものを一つ選んでください。

テレビでアナウンサーが通信販売に関する調査の結果を話しています。

F 皆さん、通信販売を利用されたことがありますか。買い物をするときは店に行って、自分の目で確かめてからしか買わないと言っていた人も、最近この方法を利用するようになってきたそうです。10代から80代までの人に調査をしたところ、「忙しくて買いに行く時間がない」「お茶を飲みながらゆっくりと買い物ができる」「子供を育てながら、働いているので、毎日の生活になくてはならない」など多くの意見が出されました。

通信販売の何についての調査ですか。

1　利用者数
2　買える品物の種類
3　利用方法
4　利用する理由

1番

テレビで女の人が話しています。

F 寒い日が続き、温かいものが恋しくなる季節になりましたね。この季節に食べたくなるのが、焼きいもですよね。きっとお家でも電子レンジで作られる方は多いはず。しかし、最近、焼きいもを電子レンジで作ろうとして出火させてしまう人が多いと言います。その原因の多くが温め過ぎにあります。熱い方がおいしいからと言って、ついつい加熱してしまいがちなんですが、さつまいもは長時間加熱すると急速に燃焼する危険性があります。ですから、消防庁では取り扱い説明書を確認するように呼び掛けています。

女の人は何について話していますか。

1　簡単に焼きいもを作る方法について
2　焼きいものおいしい温め方について
3　電子レンジの間違った使用方法について
4　電子レンジの仕組みについて

2番

男の人が飲み物について話しています。

M 最近、ジュースがブームですよね。日本語では甘くて冷たい飲み物を指すジュース。オレンジジュースやリンゴジュースはもちろん、炭酸やタピオカなどが入ったものまで様々です。手軽に飲めて、私たちの喉を潤してくれるジュース。中でも皆さんはミックスジュースをご存知でしょうか。複数の種類の果物や野菜をジュースにして混ぜたものをミックスジュースと言います。主にバナナやリンゴ、もも、みかんが入っています。牛乳と合わせることによってフルーツの栄養をさらにバランスよく摂取することができ、朝ごはんにぴったりなジュースですよ。

ミックスジュースはどんなジュースだと言っていますか。

1　持ち運びやすいジュース
2　ぜいたくなジュース
3　栄養バランスのいいジュース
4　今流行しているジュース

3番

テレビでアナウンサーが話しています。

M 最近、健康や節約にも繋がると会社や学校に持って行く人が増えているお弁当。今、お弁当箱売り場を独占するのは、大きな丼ぶり型のお弁当箱です。このお弁当箱なら下の段にはご飯や麺、上の段にはおかずや麺にのせる具材が入れられます。お弁当を作ろうとすると、何種類もおかずを作らなければなりませんが、これなら手軽でいいですよね。さらに調理も簡単で、このお弁当箱に熱いスープと生のパスタを入れるだけで、スープパスタができてしまいます。

アナウンサーは何について話していますか。

1　おいしいお弁当のおかずについて
2　健康的なお弁当の作り方について
3　お弁当箱の選び方について
4　進化するお弁当箱について

4番

電話で家具屋の人が客が注文した商品について話しています。

M もしもし、マツダ家具の吉田と申します。昨日はベッドをご注文いただき、ありがとうございました。実は、そのベッドのことでお電話差し上げたんですが…。

F はい、何でしょうか。

M お客様がご注文されたベッドを本社の方に確認しましたところ、もう在庫がないということでした。申し訳ございません。

F え、そうなんですか。

M それで、他の色も探してみたのですが、同じモデルで他の色となると海外から来ることになるので、いつお届けできるかわからないそうなんです。それで、申し訳ございませんが、昨日のご注文は一度キャンセルされた方がいいと思いまして…。

F そうだったんですか。わかりました。

電話の内容は何ですか。

1 新製品の案内

2 注文内容の確認

3 配達のお知らせ

4 キャンセルのすすめ

5番

留守番電話のメッセージを聞いています。

M もしもし、斎藤です。何度か電話したんですが、お忙しいみたいなので、メッセージを残します。明日の飲み会のことなんですが。木村さんが、具合が悪くて参加できなくなったので、時間と場所を変更させていただくことにしました。待ち合わせ場所は日の出スーパー駐車場、時間は午後6時にします。もし、待ち合わせ場所がわからなければ、私の携帯に連絡ください。遅れる場合はお店に直接来てください。お店は駅前の居酒屋ハルです。では、明日お会いしましょう。

男の人が一番伝えたいことは何ですか。

1 飲み会に来られる人が一人減ったということ

2 男の人が飲み会に遅れそうだということ

問題4

問題4では、問題用紙に何も印刷されていません。まず文を聞いてください。それから、それに対する返事を聞いて、1から3の中から、最もよいものを一つ選んでください。

例

F 今日ちょっと、残って仕事してってもらえない？

M 1 今日ですか。はい、分かりました。

  2 すみません、今日遅くなったんです。

  3 残りは、あとこれだけです。

1番

F あの、よければこれ、お使いください。

M 1 よろしいんですか。すいません。

  2 はい、おかげさまで。

  3 つまらないものですが、どうぞ。

2番

F すいません。ここで携帯を使ってもいいでしょうか。

M 1 いえ、結構です。

  2 はい、こうやって使うんですね。

  3 いいえ、ここではだめです。

3番

F あの、この後、空いてるの？

M 1 たぶん、誰もいないと思うよ。

  2 この箱なら空いてるよ。

  3 う～ん、約束があるんだ。

4番

M はあ、さっきの客、本当に頭にくるなあ。

F 1 どうかしたの？

  2 どうなってるの？

3 どうするの？

5番

M 暑いから、窓を開けたままにしておいてください。

F 1 はい、そうしてやります。

　2 ええ、そうしておきます。

　3 ええ、そうしてあげます。

6番

F お母さんとけんかしちゃった。どうしよう。

M 1 どうしたらいいか、わからないんだ。

　2 まあ、仕方ないんじゃない？

　3 そんなつもりじゃなかったんだよ。

7番

F 今は言わない方がいいんじゃありませんか。

M 1 そうですね。今言った方がいいですよね。

　2 そうですか。あの秘密を話しちゃったんですね。

　3 はい、今は黙っておきます。

8番

M こちらではこのカードも使えますか。

F 1 はい、使いにくいですね。

　2 はい、お使いになれます。

　3 ええ、使わなくてもいいですよ。

9番

M 吉田さん、その指、どうしたんですか。

F 1 切ってしまったかもしれませんね。

　2 まだ、治らないと思いますよ。

　3 どうってことないですよ。

10番

F 謝罪はメールじゃなくて、直接言ってくれなきゃ。

M 1 すみません。今後は気を付けます。

　2 はい、それはいい考えかもしれません。

　3 そんなこと言われても困ります。

11番

F コーヒーと間違えて醤油を飲むところだった。

M 1 飲んじゃったんだ。大丈夫？

　2 飲まなくてよかったね。

　3 やっぱり、コーヒーはおいしいよね。

問題5

問題5では、長めの話を聞きます。この問題には練習はありません。問題用紙にメモをとってもかまいません。

1番、2番

問題用紙に何も印刷されていません。まず話を聞いてください。それから、質問とせんたくしを聞いて、1から4の中から、最もよいものを一つ選んでください。

1番

女の人と男の人が話しています。

F 今度の土曜日、天気がいいからラッキー連れて公園にデートに行かない？ その日、イベントでペットの服のセールもするんだって。ラッキーの夏服ほしいって言ってたでしょ？

M う～ん。どうしようかな？ 最近、ラッキーの毛が伸びてきたから、その日はカットしに行く予定なんだよね。

F そっかあ。カットは何時から？

M 10時から二時間くらいだよ。そっちのイベントの場所と時間は？

F 確か、土、日の9時から1時までだったと思う。場所はここから車で一時間くらいかな。

M そっかあ。ちょっと遠いから、両方行くのは難しいかな。

F セールは日曜日もやってるけど、早く行かないといいのなくなっちゃうよ。

M でも、カットも一か月前から予約してたからなあ。ラッキーも夏に毛が長いとかわいそうだろう？

F そうね。わかった。じゃ、デートは日曜日にしましょう。

M うん。そうしよう。

男の人は今週の土曜日、どうしますか。

1 公園だけに行く

2 ペットショップだけに行く

3 公園に行ってから、ペットショップに行く

4 ペットショップに行ってから、公園に行く

2番

大学で学生達が睡眠について話しています。

M1 木村、なんでそんなに元気なんだ？ 先月までは授業中もずっと寝てたじゃん。

M2 あ～、最近ぐっすり寝てるから、昼間眠くならないんだよ。

F いいなあ。私は最近どうも眠れなくて…。うらやましいなあ。

M2 ぐっすり眠るにはやっぱり、規則正しい生活が一番だよ。僕は寝る前によく携帯ゲームとかSNSとかしてて、ついつい夜更かししてしまってたんだ。結局、気づいたら朝だったってこともよくあったんだけど…。最近はそういうことをやめたんだ。そしたら、すぐ眠れるようになって…。

M1 へえ、僕も寝る前に携帯見るけど、ぐっすり寝られるよ。っていっても、アプリとかを使ってリラックスできる音楽と映像を探して見るんだけどね。そうすると、すぐに寝られるんだよ。

M2 へえ、あ、そういえば、この前テレビでやってたんだけど、朝起きて一番に窓を開けて太陽の光を浴びるといいそうだよ。そうすると夜、ぐっすり寝られるんだって。

F ふ～ん、なるほど。じゃ、とりあえず今夜は木村君のやり方を真似して寝てみる。それでもダメなら、病院に薬をもらいに行ってくるね。

女の人はまずどの方法を試すと言っていますか。

1 病院に行って睡眠薬をもらう

2 朝起きたら、日の光を浴びる

3 寝る前に携帯電話を見ない

4 リラックスできる音楽を聴く

3番

まず話を聞いてください。それから、二つの質問を聞いて、それぞれ問題用紙の1から4の中から、最もよいものを一つ選んでください。

夫婦が花屋で説明を聞いています。

F1 最近、家で野菜を育てる家庭菜園を楽しまれる方が増えているんですよ。中でも一番人気はトマトです。トマトはサラダからジュースまで料理に使いやすい野菜ですよね。雨を嫌うので雨が当たらないマンションのベランダ栽培にぴったりです。次に人気なのがネギです。生命力が強く、葉の部分は切っても切ってもまた生えてきます。料理などによく使用する方は育てておくと節約にもなるのでおすすめです。また、ピーマンも病気や夏の暑さに強く、比較的育てやすいので人気があります。そして、一番育てやすいのは、もやしです。もやしは光を一切当てずに暗いところに置いておくだけで育てられるので、初心者向けの野菜です。

M どの野菜を育てようか。

F2 私は何度も食べられる、あの野菜にする。節約にもなるし。

M じゃ、僕は面倒だから、放っておいても勝手に育ってくれるあの野菜にするよ。

F2 それより、あなたはあの野菜が嫌いだったよね。いい機会だし、今回育ててみたらどう？ 暑さにも強いっていうし。

M 育てても食べられなかったら意味ないよ。

F2 嫌いだからこそよ。育ててみると愛着がわいて食べられるようになるかもよ。

M そういうものかな。

F2 じゃ、私が育ててあげる。おいしく育ててあげるから食べてよね。

質問1

男の人はどの野菜を育てますか。

質問2

女の人はどの野菜を育てますか。

JLPT N2 파이널 테스트 3회
정답 및 청해 스크립트

1교시 언어지식(문자·어휘·문법)·독해

문제1	1 ①	2 ③	3 ②	4 ④	5 ③						
문제2	6 ①	7 ④	8 ④	9 ②	10 ③						
문제3	11 ③	12 ②	13 ④								
문제4	14 ①	15 ③	16 ④	17 ②	18 ①	19 ④	20 ③				
문제5	21 ③	22 ③	23 ①	24 ④	25 ②						
문제6	26 ④	27 ②	28 ①	29 ③	30 ③						
문제7	31 ②	32 ①	33 ③	34 ②	35 ④	36 ②	37 ④	38 ④	39 ①	40 ③	41 ④
	42 ③										
문제8	43 ② (3241)	44 ② (4321)	45 ③ (4231)	46 ② (3214)	47 ① (2413)						
문제9	48 ②	49 ③	50 ④	51 ④	52 ③						
문제10	53 ①	54 ④	55 ②	56 ④	57 ③						
문제11	58 ①	59 ②	60 ④	61 ③	62 ②	63 ③	64 ①	65 ②	66 ③		
문제12	67 ④	68 ④									
문제13	69 ③	70 ②	71 ④								
문제14	72 ③	73 ④									

2교시 청해

문제1	1 ②	2 ④	3 ③	4 ③	5 ②						
문제2	1 ④	2 ①	3 ③	4 ②	5 ③	6 ④					
문제3	1 ②	2 ②	3 ②	4 ①	5 ②						
문제4	1 ③	2 ②	3 ③	4 ②	5 ①	6 ①	7 ③	8 ②	9 ③	10 ②	11 ③
문제5	1 ④	2 ③	3-1 ④	3-2 ①							

問題1では、まず質問を聞いてください。それから話を聞いて、問題用紙の1から4の中から、最もよいものを一つ選んでください。

例

授業で先生が話しています。学生は授業を休んだとき、どのように宿題を確認しますか。

M ええと、この授業を休むときは、必ず前の日までに連絡してください。

F メールでもいいですか。

M はい、いいですよ。あ、それから、休んだときは、私の研究室の前の掲示を見て、宿題を確認してください。友達に聞いたりしないで、自分で確かめてちゃんとやってきてくださいね。

F はい。

M それから、今日休んだ人、リンさんですね、リンさんは、このこと知りませんから、だれか伝えておいてくれますか。

F あ、私、リンさんに伝えておきます。同じ寮ですから。

M じゃ、お願いします。

学生は授業を休んだとき、どのように宿題を確認しますか。

1番

女の人と男の人が話しています。女の人は何を買いますか。

F 最近、地震とか台風とか多いから心配なのよね。

M うちに防災用品はちゃんと揃ってるかな。足りないものとかはない?

F あるのはあるんだけど、たぶん買ってから時間が経ってるから食品とか賞味期限が切れちゃってるよ。あと、ラジオの電池も古くなってるから、もしものの時に使えないかもしれないし、買い換えた方がいいわね。

M そっかあ。最近はインターネットでおいしいのがたくさん買えるらしいよ。保存食はインターネットで買おうよ。

F そうね。あ、あと、テレビで言ってたんだけど、災害時は電気のほかに水も使えなくなる場合があるか

ら、簡易用の持ち運びができるトイレもあった方がいいらしいよ。

M へえ、そうなんだ。じゃ、保存食買うついでに探しておくよ。

F それと、水で思い出したんだけど、ペットボトルの水も新しいの買っておきましょうよ。今ある分だけだと足りないかもしれないから。

M そうだね。じゃ、ペットボトルの水もネットで買っておくよ。重いしネットの方が安いしね。

F そうね。じゃ、とりあえず、私はこれだけ買っておくね。

女の人は何を買いますか。

2番

お店で店員と店長が今日の業務について話しています。二人はこれからまず、何をしますか。

F 店長、もうすぐ年末のセールの時期ですから、そろそろ準備しなければいけませんね。

M そういえばそうですね。今日中にはホームページの更新と、会員のお客様にダイレクトメッセージを発送しなければいけないですね。

F ダイレクトメッセージの方は昨日のうちにほとんど終わらせておきましたよ。後は出すだけなので、心配いりません。最後の方でいいんじゃないですかね。

M 仕事が早いですね。じゃあ、それは全部終わった後でしましょう。ホームページの進み具合はどうですか。

F ホームページは在庫の確認をしてからの方がいいと思うんです。その方がセール商品をホームページにも載せられると思うので…。

M それはいい考えですね。じゃ、他にしなければいけないことは…。

F 年末の飾りつけですね。そろそろクリスマスの飾りつけは片付けて年末らしいものにした方がいいですね。

M まあ、それは結構すぐに終わりそうですから、ホームページの更新をしてからにしましょう。

二人はこれからまず、何をしますか。

3番

大学の実験室で研究員と女の人が話しています。女の人はこの後まず何をしますか。

M 本実験にご協力いただき、ありがとうございます。今回の実験はお米とパンを食べた直後の身体能力に違いはあるのかということを知るために行います。では、まず皆さんは二つのグループに分かれてください。

F お米のグループとパンのグループですね。十人ですから、五人ずつですね。はい、わかりました。

M はい。では、それぞれ男女別に部屋に入って一旦昼寝をしてもらいます。２０分くらいですね。アラームが鳴ったら、起きてもらい、すぐにお米の人にはお米を、パンの人にはパンを食べてもらいます。

F 起きてすぐですか。お腹が空いてなさそうですけど。

M まあ、それでも無理矢理食べてくださいね。実験ですので。正確な実験データが必要ですから。

F はい、わかりました。

M それから、食後２０分後に体力テストを行いますので、着替えてグラウンドに集合してください。必ず時間は守ってくださいね。時間も実験のデータを左右しますから。今回の実験データと前回皆さんが何も食べずに行った体力テストの結果をもとに比較することが今回の実験の目的です。

女の人はこの後まず何をしますか。

4番

ホテルで女の客と従業員が話しています。女の客はどこに行くことにしましたか。

F すいません。この辺りで家族連れでも楽しめるおいしいお店って知りませんか。

M そうですね。和食と洋食でしたら、どちらがよろしいですか。

F そうですね。夫とうちの子たちは洋食の方が好きですね。

M では、このパンフレットをご覧ください。この辺の地図がのっているんですが…。このホテルの前の通りをまっすぐ行かれますと公園があります。その公園を右に曲がりますと、「グリル山下」というお店があります。このお店のハンバーグがとてもおいしいんですよ。ここから５分ほどですが、混んでいるかも

しれません。それから、そこからまた５分行きますと「ステーキ亭」というお店もありますよ。ここは少々お高いですが、テレビで紹介されるくらいおいしいお店です。

F 高いのはちょっと…。デパートの方はどうですか。

M デパートの近くにも二つほどレストランがありますよ。「サンバーガー」というお店なんですが、結構評判いいですよ。それから、「トマト屋」というレストラン。ここはお子様ランチもあって家族連れでいつもいっぱいです。

F へえ。うちの人たち、人が多いのが嫌いなので、とりあえずあそこに行ってみます。ありがとうございました。

女の客はどこに行くことにしましたか。

5番

夫婦が息子の誕生日会の準備をしながら話しています。男の人はこれから何をしますか。

M どう？真太郎の誕生日会の準備は。

F うん、大体できたかな。プレゼントも買ったし、真太郎の好きな料理も作ったし。

M 飲み物は？真太郎、コーラ好きだろ？

F ええ、もちろん準備したよ。

M あ、チキンは？頼むって言ってたよね。

F あ、そうだ。私としたことが、うっかりしてたわ。あなた、電話で注文してくれない？

M いいよ。他にもう準備することはないね？

F あ、お義父さんたちのお酒がないね。私が買ってくる。ビールでいいよね。

M 父さんたち、こっちに来る途中でケーキ買ってから来るって言ってたから、ついでだし頼めばいいよ。

F そうね。じゃ、あれだけお願い。

男の人はこれから何をしますか。

問題2

問題2では、まず質問を聞いてください。そのあと、問題用紙のせんたくしを読んでください。読む時間があります。それから話を聞いて、問題用紙の1から4の中から、最もよいものを一つ選んでください。

母親と高校生の女の子が話しています。女の子はどうして学校へ行きたくないのですか。

F1 どうしたの？ 朝からためいきばっかり。だれかとけんかでもしたの？

F2 それはもういいの、仲直りしたから。それより、見てよ、この前髪。

F1 まあ、また、思い切って短くしたわね。

F2 こんなんじゃ、みんなに笑われちゃうよ。ねえ、今日学校休んじゃだめ？

F1 だめに決まってるでしょ。そんなこと言って、本当は今日の試験、受けたくないんでしょ。

F2 違うよ、ちゃんと勉強したんだから。そんなことより、ああ、鏡見るだけで頭痛くなりそう。

女の子はどうして学校へ行きたくないのですか。

1番

テレビでアナウンサーがシェフにインタビューをしています。シェフは、どうして運動をしていると言っていますか。

F 田中シェフは料理だけでなく、テニスの腕前も素晴らしいと評判ですね。シェフとして働いている間も暇さえあれば筋トレをしているそうですが、テニスは昔からお上手だったんですか。

M いえ、テニスはシェフの仕事をはじめてから始めたんです。

F そうなんですか。やはり、料理は体力が必要ですから、そのために始められたんでしょうか。

M いえいえ、実は、始めたきっかけは料理の味見のためだったんですよ。

F あ、シェフが作られる料理はどれもおいしいですからね。味見で何度も食べていては太ってしまいますものね。

M う～ん、ちょっと違いますね。シェフがお酒やタバコをさける理由をご存知ですか。それと同じ理由なんですが…。

F はい、料理の味がわからなくなるからですよね。

M はい、そうです。それにお客様のほとんどがお腹を空かせた状態で来られます。ですから、お客様の味覚と合わせておかないと、おいしい料理は作れないのです。

F いつも同じ味じゃないといけませんからね。料理って繊細なんですね。

シェフは、どうして運動をしていると言っていますか。

2番

女の人と男の人が話しています。女の人の子供はどうして勉強するようになりましたか。

F どうしたんですか。何か心配事でも？

M 実はうちの子、4年生になってから全然勉強をしたがらなくって…。子供に勉強をさせるにはどうしたらいいんでしょうか。最近ゲームに夢中で勉強してないみたいなんですよ。

F それは、心配ですね。うちの子もそうだったんですけど、今は勉強するようになりましたよ。

M そうなんですか。何かいい方法でもあるんですか。私もこのままじゃだめだと思って、学校の復習を一緒にしているんですけど、なかなか結果がでなくて…。

F 復習ですか。それもいいと思いますが、無理矢理勉強をさせるのは効果がないって担任の先生が言っていましたよ。やはり自信をつけさせた方がいいそうです。それで、私は毎日子供と交換日記を付けてるんです。

M え、日記ですか？

F はい、毎日子供の成長を感じた部分について書くんです。褒めてあげることが大事なんですよ。子供とのコミュニケーションもとれるし、効果ありますよ。まあ、ゲームはするんですけど、勉強もしてくれるようになったので、よかったです。

M へえ、それだったら、私にもできそうです。さっそくやってみます。

女の人の子供はどうして勉強するようになりましたか。

3番

女の人と男の人が話しています。女の人は部長の家に何を持って行きますか。

F 伊藤さん、伊藤さんって部長のお宅に呼ばれたこと、ありますか。

M うん、あるよ。

F 今度の日曜日、部長のお宅でお昼をいただくことになってるんですけど、手土産、何がいいですかね。

M 僕はこの前ビールを持って行ったよ。部長はお酒が好きだからね。

F でも、部長のご家族って奥様と娘さんでしたよね。だから、ケーキとか甘い物を持って行こうかと思ってたんですが…。

M あ、奥様の趣味がお菓子作りで、この前、僕が伺ったとき、奥様の手作りケーキをごちそうになったよ。ひょっとしたら、今度の日曜日も準備して待っていらっしゃるかもよ。

F そうですね。食べ物が無難でいいと思ったんですけど。

M だったら、これはどう？ 最近SNSで話題なんだけど…。

F フルーツの盛り合わせですか。

M そう見えるでしょ？ 実はこれ、飴なんだよ。

F へえ、これなら、奥様がケーキを準備していらっしゃっても、保存できる期間が長いからいいですね。

女の人は部長の家に何を持って行きますか。

4番

女の人と男の人が話しています。男の人はどうして女の人がうらやましいと言っていますか。

M あれ？ 花田さん、そんなかばん持ってたっけ？ 変わったデザインだけど、すごく似合ってるよ。

F あ、これ？ 私の祖母からもらったものなの。結構古いものなんだけど素敵でしょ？

M へえ、道理で。味があっていいね。

F うん。祖母が今まで大切に使ってくれていたおかげで状態もいいしね。

M おじいちゃんとおばあちゃんと一緒に暮らしてるの？

F うん、山田君は？ 一人暮らし？

M いや、僕も一緒に暮らしてるよ。

F そうなんだ。じゃ、おじいさんから何かもらえばいいのに。

M うちの家族は新しい家に引っ越してから古い物とか全部捨てちゃったんだ。

F そうなんだ。私は小さい頃から同じ家だから、家の中に古い物がたくさんあるよ。家自体も古いしね。お洒落なマンションとかに住んでる人がうらやましいよ。

M え、でも、僕は花田さんがうらやましいよ。

男の人はどうして女の人がうらやましいと言っていますか。

5番

女の学生と男の留学生が話しています。男の留学生はどうして引っ越しましたか。

F キム君、最近引っ越したんだって？ あの部屋、日当たりが悪くて洗濯物がなかなか乾かなかったものね。

M ああ、そうだったんだけど、乾燥機を買ったから解決したんだ。とっても便利だよ。

F じゃあ、なんで引っ越したの？

M 僕のルームメイトのことは知ってる？

F うん、確か彼女と住んでるって言ってなかったっけ？ 韓国の人だったよね。

M うん、そうなんだよ。それでさ、毎日韓国語で話したり、韓国料理食べたり。まあ、楽しかったんだけどね。

F 毎日韓国語で話してたんだ。日本にいるのにそれはもったいないね。

M うん、それに彼女とはいろいろあってね。

F まさか、彼女と別れたの？ だから？

M まあ、別れたのは確かだけど、僕が契約してたアパートだから彼女が出て行ったよ。実はその後、学校の授業で出会った日本人の友達がルームシェアしないかって言ってくれて。

F よかったじゃない。道理で、キム君、前より日本語上手になったわけだ。

M うん。でも、今のアパートはちょっと家賃が高くて…。頑張ってアルバイトしないと。

男の留学生はどうして引っ越しましたか。

6番

会社で女の人が話しています。女の人は来年、会社はどうするべきだと言っていますか。

F では、今年度の反省と来年度の方針について私の考えをお話しします。4月から9月までの売り上げは例年通りで安定していましたが、10月に入って

からは急激に売り上げが減っています。その理由として、ライバル会社の新商品がテレビで紹介されたこと、また、原材料の値段が上がり、商品の価格も値上げしなければならなくなったことが考えられます。しかし、最大の原因は海外にある支店の売り上げが下がったことです。来年度は海外市場を縮小し、国内市場を拡大していくべきだと思います。そして、また市場調査をしなおし、十分な準備をしたうえで、数年後にまた海外の店舗を増やしていくべきだと思います。

女の人は来年、会社はどうするべきだと言っていますか。

問題3

問題3では、問題用紙に何も印刷されていません。この問題は、全体としてどんな内容かを聞く問題です。話の前に質問はありません。まず話を聞いてください。それから、質問とせんたくしを聞いて、1から4の中から、最もよいものを一つ選んでください。

例

テレビでアナウンサーが通信販売に関する調査の結果を話しています。

F 皆さん、通信販売を利用されたことがありますか。買い物をするときは店に行って、自分の目で確かめてからしか買わないと言っていた人も、最近この方法を利用するようになってきたそうです。10代から80代までの人に調査をしたところ、「忙しくて買いに行く時間がない」「お茶を飲みながらゆっくりと買い物ができる」「子供を育てながら、働いているので、毎日の生活になくてはならない」など多くの意見が出されました。

通信販売の何についての調査ですか。

1 利用者数
2 買える品物の種類
3 利用方法
4 利用する理由

1番

学校で校長先生が全校生徒に話しています。

M みなさん、今日は防災訓練ですね。防災訓練は予想もしないことが起きた時、慌てずに身の安全を確保しながら避難できるよう、あらかじめ体験しておく大切な学習活動です。今日は何時間目に防災訓練が行われるかわかりませんから、担任の先生の言うことをしっかり聞いて、素早く行動してください。勝手な行動をしたり、騒いだりせず、非常ベルが鳴ったら先生の指示に従って校庭に出てクラスごとに並んでください。その後、消防署の方に火の消し方を教えてもらいます。では、今まで言ったことをしっかり守って、くれぐれもけがのないようにしてください。

校長先生は何について話していますか。

1 防災訓練の持ち物
2 防災訓練の流れ
3 今日の授業内容
4 先生たちの仕事

2番

テレビで医者が話しています。

F 数年前、心臓の病気のリスクを下げるとして話題になった赤ワイン。健康にいいという考え方が広まり、毎日赤ワインを飲む方が多くなってきましたね。中にはそれほど飲めるわけではないのに健康のためにわざわざ飲むようになった人までいます。しかし、健康のためと思って毎日赤ワインを3杯以上飲んでる方はすぐにでもやめてください。毎日何杯も飲んでいたら肝臓に負担がかかって病気になってしまいます。そもそも東洋人は心臓の病気で亡くなる確率は低いのです。また西洋人に比べ東洋人は体質的にアルコールに弱いので、アルコールのダメージの方が大きくなってしまうのです。

医者はどんなことについて話していますか。

1 赤ワインの飲み方についての紹介
2 体質による赤ワインの効果
3 肝臓の病気にかかる確率
4 赤ワインの健康効果を実験した結果

3番

テレビで市の担当者が話しています。

F 川上市は三か月前に大雨が降り、市全体に大きな被害がありました。現在は皆さんのご協力のおかげで元通りの生活を取り戻しました。市がこの自然災害から立ち直ったことを記念して、この度、市が誇る漫画家の市松さえこさんの漫画作品を無料公開することになりました。市松さえこさんは川上市出身の大人気の少女漫画家で、来週8日から一週間、市立美術館で原画を展示し、また美術館では市松さんの漫画から実写化された映画やアニメーション作品もご覧いただけます。親子で楽しめるイベントとなっていますので、ぜひ足をお運びください。

担当者は何について話していますか。

1 大雨による被害の状況
2 大雨からの復興記念イベント
3 市立美術館の来年のイベント
4 川上市出身漫画家の人生

4番

テレビで料理の先生が話しています。

M グラタンとはフランス語で「焦げ目をつける」を意味する言葉です。焼き料理の焦げた部分がおいしかったことから始まったそうですよ。お店で食べる本格的なグラタンって本当においしいですよね。でも、ホワイトソースを一から作るのは本当に手間がかかって大変です。実はホワイトソースは身近なもので簡単に作れちゃうんです。私はいつもホワイトソースの代わりに豆腐を使ってグラタンを作ります。豆腐に塩、胡椒、チーズを入れるだけ。お店の味には届きませんが、ヘルシーですしアレンジ自由です。皆さんもこの冬は熱いグラタンを食べて心も体も温まりましょう。

料理の先生は何について話していますか。

1 ホワイトソースがない時の代用レシピについて
2 家で本格的なグラタンを作る方法について
3 余ったグラタンで作るアレンジ料理について
4 多様なグラタンの種類とその歴史について

5番

テレビで男の人が話しています。

M アニメーションが好きで小さい頃からずっと見てきました。大人からはアニメーションなんか見ないで映画を見なさいと言われてきましたが、私はそうじゃないと思うんです。いい作品に出会えば、映画を見るのと同じくらいの感動や人生の教訓があります。しかし、なんでもいいと言うわけではありません。私は情報が大事だと思います。最近はインターネットがあるので、情報を収得することは簡単です。賞をとって評価されている作品や専門家や評論家たちが高評価している作品などの中から選んで見てみるといいでしょう。きっと、あなたにも感動が待っていることでしょう。

男の人は何について話していますか。

1 アニメーションではなく映画を見ることの重要性
2 いいアニメーション作品の選び方
3 アニメーションは見るなと言われた理由
4 一番お勧めのアニメーション作品の紹介

問題4

問題4では、問題用紙に何も印刷されていません。まず文を聞いてください。それから、それに対する返事を聞いて、1から3の中から、最もよいものを一つ選んでください。

例

F 今日ちょっと、残って仕事してってもらえない?
M 1 今日ですか。はい、分かりました。
　 2 すみません、今日遅くなったんです。
　 3 残りは、あとこれだけです。

1番

F その豚肉、一か月前のやつじゃない? 食べない方がいいんじゃないの?
M 1 そうだね。まだ食べられそうだね。
　 2 そうだね。もう、食べてしまった方がいいね。
　 3 そうだね。やめておいた方がいいかも。

2番

M 今朝、学校に行く途中のバスで乗り過ごしちゃった。

F 1 もう、寝坊しちゃだめじゃない。
　 2 バスの中で寝ちゃったんじゃないの?
　 3 どうして間に合わなかったの?

3番

M 僕、この前、部長に理解力が欠けているって言われてしまいました。

F 1 そうですね。すごく理解力があると思いますよ。
　 2 理解力について何か書かなければならないんですか?
　 3 そんなことないと思います。気にしない方がいいですよ。

4番

M 最近のテレビ番組は旅行ばっかりで飽きてきたよ。

F 1 私、明日なら空いてるけど、一緒にどう?
　 2 そうだね。どこも毎回同じだからね。
　 3 いいなあ。私も旅行に連れてってよ。

5番

F こんなに寒くなるんだったら、暖かくして来ればよかった。

M 1 そうだね。今日は風が強いからね。
　 2 そうだね。暖かくてうらやましいよ。
　 3 そうだね。来なくても大丈夫だよ。

6番

M よろしければ、これ、受け取ってください。

F 1 え、もらってもいいんですか。
　 2 わかりました。取ってきます。
　 3 それ、あげてもいいですよ。

7番

M このケーキ、ちょっとずつ、みんなで分けようよ。

F 1 うん、わかった。全部もらうね。
　 2 別にいいけど、絶対返してね。
　 3 平等に分けないとけんかになっちゃうね。

8番

F せっかく、みんなのためにお母さんが夕食を作ってくれたんだから。

M 1 そうだね。ちゃんと作った方がいいよね。
　 2 そうだね。作ってくれたんだから、食べよう。
　 3 その通りだね。おいしくなかったね。

9番

F これ、よろしければ、ご覧になりますか。

M 1 いいんですか。おいしそうですね。いただきます。
　 2 そうですね。聞いたことがあります。
　 3 はい、拝見しますね。

10番

F うちの子、算数が苦手なんですよ。すみませんが、教えてやってくれませんか。

M 1 え、教えてくださるんですか。
　 2 ええ、いいですよ。お教えします。
　 3 そうですね。教えてやってください。

11番

M 斎藤さんって背が高いんですけど、西村さんほどではないそうですよ。

F 1 やっぱり斎藤さんってすごく背が高いんですね。
　 2 そうですね。西村さんって背が低いですよね。
　 3 西村さんってそんなに背が高いんですね。

問題5

問題5では、長めの話を聞きます。この問題には練習はありません。問題用紙にメモをとってもかまいません。

1番、2番

問題用紙に何も印刷されていません。まず話を聞いてください。それから、質問とせんたくしを聞いて、1から4の中から、最もよいものを一つ選んでください。

1番

女の人と男の人が娘の習い事について話しています。

F ねえ、あなた。そろそろ桃子の習い事、もう一つくらい増やそうと思うんだけど、いいかしら？

M 僕は構わないけど。

F それでね、早速だけど、英会話なんてどうかしら？これから必要になってくるし、早めに始めておいた方がいいと思うの。

M う〜ん、それはどうかな？今、算数の塾に通ってるんだろう？勉強系じゃない方がいいんじゃないか？

F それもそうね。じゃ、ピアノはどうかしら？ピアノが弾けると頭の回転がよくなるんだって。

M へえ、知らなかったな。今、水泳も習ってるんだよね。他の習い事とのバランスもいいし、いいんじゃない。

F うん、でも心配は、あの子が飽きずに続けてくれるかどうかなのよね。

M 桃子は何て？

F あの子はバレエがしたいそうよ。たぶん、バレエの衣装がかわいいからよ。

M そんな単純な理由なら、ちょっと、賛成できないな。

F この前習ってたダンスも長続きしなかったじゃない？面白くないって言ってやめちゃって。

M う〜ん、じゃ、僕たちが何を言っても自分が気に入らなければ続かなさそうだね。やる気も重要だし、今回は本人の意思を尊重してあげよう。

F ええ、そうしましょう。

二人は娘に何を習わせることにしましたか。

1 英会話
2 ピアノ
3 水泳
4 バレエ

2番

学生たちが発表の準備について話しています。

F 来週のグループ発表って、この町の歴史についてだよね。そろそろ三人で集まって準備した方がいいよね。明日の午後1時はどう？

M1 うん、そうだね。じゃあ、どこで準備する？市立図書館とかみんなの家からも近いし、いいんじゃない？

M2 図書館の中じゃ話せないよ。私語厳禁だからね。うるさくしたら怒られちゃうよ。

M1 僕が言ってるのは、図書館の中にあるセミナールームのことだよ。

F 私もそこがいいと思ってさっき明日の空室状況を調べてみたんだけど、午後は全部予約で埋まってて。

M2 そっかあ。どうせ、最初の話し合いは役割分担で終わるだろうから、みんなで駅前のファミリーレストランで昼ごはん食べながら決めるのはどうかな？

M1 あそこは昼時になると子供連れの家族でいっぱいじゃない。ちょっとざわざわしてうるさいと思うよ。

F じゃあ、私の家なんてどうかな。妹がまだ小学生でちょっとうるさくしちゃうかもしれないけど、部屋は別々だから。

M2 いや、それは悪いよ。そういえば、この前新しくできたカフェはどうかな。

F カフェもうるさくしたら周りのお客さんに迷惑だし、あんまり長い時間いるとお店の人に嫌な顔されそう。やっぱり集中できて、私たちだけが使える部屋がある方がいいよ。みんな、そんなに気を使わなくて大丈夫だからさ。

M1 え〜、じゃあ、お言葉に甘えて、そうさせてもらおうかな。何かお菓子でも買って行くね。

M2 僕は飲み物買って行くよ。

三人はどこで話すことになりましたか。

1 図書館
2 ファミリーレストラン
3 女の人の家
4 カフェ

3番

まず話を聞いてください。それから、二つの質問を聞いて、それぞれ問題用紙の1から4の中から、最もよいものを一つ選んでください。

女の人と男の人がゲームソフトの紹介番組を見ています。

M1 では、今月人気があったゲームソフトをランキング形式で紹介します。第1位は対戦型RPGの『ドラゴンモンスターⅡ』です。このゲームはドラゴンのキャラクターを自分好みに育てながら、友達と対戦もできます。第2位は音楽ゲームの『みんなでリズム』

です。リズムに合わせてボタンを押す形で、最新曲も収録されています。子供から大人まで楽しめるゲームとなっております。第3位はアクションゲームの『バトルアクション』です。世界の格闘家たちが敵を倒していくゲームで、特に男の子に人気があります。第4位はパズルゲームの『ぴったりパズル』です。頭の体操にもなりますので、お年寄りの方へのプレゼントとしても大変人気のゲームです。

F　もうすぐ年末で家族が集まるんだけど、休みが長くてやることがないのよね。ゲームでも買おうかな。

M2　いい考えだね。それなら僕も買っておじいちゃんの家に持って行こうっと。

F　一人でするゲームは面白くないからおじいちゃん、おばあちゃんも一緒にできるあのゲームにしよう。

M2　僕はやっぱり、一からキャラクターを育てるのがいいなあ。

F　でも、おじいさんの家、毎年親戚の子供たちがたくさん集まるんでしょ？　一人でするよりみんなでできる、あのゲームの方がいいんじゃない？

M2　僕、リズム感覚がないから嫌なんだよ。

F　ふ～ん。じゃあ、しょうがないね。

質問1
女の人はどんなゲームを買いますか。

質問2
男の人はどんなゲームを買いますか。

1교시 언어지식(문자·어휘·문법)·독해

문제1 　1 ④　　2 ③　　3 ③　　4 ②　　5 ④

문제2 　6 ②　　7 ①　　8 ②　　9 ③　　10 ③

문제3 　11 ②　　12 ③　　13 ①

문제4 　14 ①　　15 ②　　16 ③　　17 ④　　18 ②　　19 ①　　20 ②

문제5 　21 ③　　22 ④　　23 ③　　24 ②　　25 ④

문제6 　26 ④　　27 ②　　28 ③　　29 ④　　30 ①

문제7 　31 ③　　32 ①　　33 ③　　34 ④　　35 ②　　36 ②　　37 ①　　38 ③　　39 ②　　40 ④　　41 ②

　　　　42 ③

문제8 　43 ① (3142)　　44 ② (4231)　　45 ① (4213)　　46 ③ (2134)　　47 ② (4231)

문제9 　48 ②　　49 ④　　50 ①　　51 ④　　52 ③

문제10 　53 ③　　54 ②　　55 ④　　56 ②　　57 ②

문제11 　58 ④　　59 ③　　60 ②　　61 ②　　62 ③　　63 ②　　64 ②　　65 ④　　66 ③

문제12 　67 ②　　68 ③

문제13 　69 ③　　70 ④　　71 ③

문제14 　72 ①　　73 ③

2교시 청해

문제1 　1 ④　　2 ③　　3 ③　　4 ③　　5 ③

문제2 　1 ②　　2 ③　　3 ③　　4 ④　　5 ④　　6 ④

문제3 　1 ③　　2 ②　　3 ②　　4 ②　　5 ③

문제4 　1 ③　　2 ①　　3 ①　　4 ②　　5 ②　　6 ①　　7 ②　　8 ①　　9 ②　　10 ③　　11 ①

문제5 　1 ④　　2 ④　　3-1 ②　　3-2 ③

問題1

問題1では、まず質問を聞いてください。それから話を聞いて、問題用紙の1から4の中から、最もよいものを一つ選んでください。

例

授業で先生が話しています。学生は授業を休んだとき、どのように宿題を確認しますか。

M　ええと、この授業を休むときは、必ず前の日までに連絡してください。

F　メールでもいいですか。

M　はい、いいですよ。あ、それから、休んだときは、私の研究室の前の掲示を見て、宿題を確認してください。友達に聞いたりしないで、自分で確かめてちゃんとやってきてくださいね。

F　はい。

M　それから、今日休んだ人、リンさんですね、リンさんは、このこと知りませんから、だれか伝えておいてくれますか。

F　あ、私、リンさんに伝えておきます。同じ寮ですから。

M　じゃ、お願いします。

学生は授業を休んだとき、どのように宿題を確認しますか。

1番

大学で女の学生と男の学生が話してます。男の学生はこの後何をしますか。

M　あ、しまった。

F　どうしたの?

M　今月、飲み会多くてさ。節約するために、今日はお弁当作ったんだけど、家を急いで出てきたから、お弁当も財布も忘れてきちゃったみたいなんだ。

F　え～、大変じゃない。私のでよかったら一緒に食べる? 私も節約のために、今日はお弁当なんだ。

M　いいよ。二人で一つのお弁当なんて足りないだろうし。申し訳ないよ。

F　じゃ、私も今は現金持ってないから、ATMでお金おろして、それ貸してあげる。1000円で足りるでしょ?

M　えっ、いいよ。悪いよ。里美も節約してるんだろう?

F　まあ、そうだけど…。

M　今日は我慢するしかないかなあ…。あっ、そういえば先月の飲み会で、佐藤に1200円貸してたんだ。

F　じゃあ、それ返してもらいなよ。佐藤君なら、さっき図書館に行くって言ってたよ。

M　そうだね。じゃあ、早速、行ってくるよ。

男の学生はこの後何をしますか。

2番

女の人と男の人が話しています。女の人はこの後どこに電話しますか。

M　バイト先は決まった? この前言ってた塾?

F　あそこは落ちちゃった。塾の講師は時給がいいから人気みたいで…。それで、この前、駅前のカフェに連絡して、明日面接してもらう予定なんだ。

M　あそこのカフェ人気だから仕事が大変らしいよ。いつもお客さんでいっぱいだしね。働くことになったらコーヒー飲みに行くよ。

F　気が早いよ。まだ、働くって決まったわけじゃないのに。この前、面接落ちちゃったから自信なくしちゃって、一応駅前のガソリンスタンドにも今日連絡しようと思ってるの。

M　へえ、そういえば、学校近くのコンビニもアルバイトを募集してるらしいよ。連絡してみたら?

F　うん、知ってる。でも、もう募集終わってるよ。

M　そっかあ。残念だな。コンビニだったら僕も一緒に働こうと思ってたのに…。

女の人はこの後どこに電話しますか。

3番

コンサート会場で担当者がアルバイトたちに話しています。アルバイトたちはお客さんが来たらまず、何をしなければなりませんか。

M　皆さんの仕事は、基本的にお客様の案内と警備です。主な業務はこちらの社員スタッフが行います。最近、会場内でコンサートの様子をカメラで撮る人がいるので、そういう人には注意をしてください。言うことを聞かない人がいた場合は、スタッフに報告してください。退場させることもあります。入口前

ではお客様に列に並ぶように誘導してください。入口では社員スタッフがチケットの確認を行います。チケット確認後、荷物検査をします。危険なものや怪しい物がないか確認してくさい。もし、怪しい物を発見した場合はすぐに近くのスタッフに報告してください。一番重要なのは、ケガのないように安全にコンサートを行うことです。もし、具合が悪い人を見つけたら救護室に連れてきてください。

アルバイトたちはお客さんが来たらまず、何をしなければなりませんか。

4番

夫婦が話しています。男の人は何時に電話をしますか。

F 同じヨガ教室に通ってる友達が相談したいことがあるって言うから、ちょっと出かけてくるね。駅前のいつもの喫茶店で会う約束だから。

M 昼には帰ってくるよね？

F うん、今9時だから3時間くらいじゃないかな？

M じゃあ、ちょうどよかった。喫茶店の近くに時計屋があるだろう。帰りにちょっと寄ってきてくれない？この前修理に出してた腕時計を取りに行く日なんだ。10時にはできてるって言ってたから。

F うん。わかった。でも、時間のこと忘れちゃうかも知れないから、後で私のスマホに電話してくれない？

M うん、いいよ。いつ頃がいい？

F 今から2時間後かな。

M わかった。あ、そうそう。今日12時からあの人気ドラマの再放送するらしいよ。この前見逃したから見たかったんだろう？

F え、そうなの？見たい、見たい。あなたがちゃんと連絡してくれたら、それまでには家に帰れると思うけど、一応録画ボタン押しといて。

M わかったよ。じゃあ、気を付けてね。

男の人は何時に電話をしますか。

5番

女の学生と男の学生が話しています。二人はこれからポスターをどのように直しますか。

M 学校の清掃ポスターのデザインなんだけど、これでいいかな？

F もうできたの？早いね。う～ん、全体的な構図はこれでいいけど、情報が多すぎて何が重要なのかあまり伝わってこないなあ。

M 僕もそう思ったんだけど…。やっぱり全ての文字を大きくした方がいいかな？

F 全ての文字を大きくするともっと見にくくなるんじゃない？

M そっかあ。じゃ、してもいいことといけない事を表で分けて見るのはどうかな？

F そうね。はっきりしていた方がわかりやすいかも。あと、目立つように色分けするのもいいかもね。

M う～ん。色はこのままの方がシンプルでいいんじゃないかな。

F うん、そうね。やっぱりポスターは芸術的センスより言いたいことが伝わるかどうかが重要だから、さっきの部分だけ一緒に直しましょう。

二人はこれからポスターをどのように直しますか。

問題2

問題2では、まず質問を聞いてください。そのあと、問題用紙のせんたくしを読んでください。読む時間があります。それから話を聞いて、問題用紙の1から4の中から、最もよいものを一つ選んでください。

例

母親と高校生の女の子が話しています。女の子はどうして学校へ行きたくないのですか。

F1 どうしたの？朝からためいきばっかり。だれかとけんかでもしたの？

F2 それはもういいの、仲直りしたから。それより、見てよ、この前髪。

F1 まあ、また、思い切って短くしたわね。

F2 こんなんじゃ、みんなに笑われちゃうよ。ねえ、今日学校休んじゃだめ？

F1 だめに決まってるでしょ。そんなこと言って、本当は今日の試験、受けたくないんでしょ。

F2 違うよ、ちゃんと勉強したんだから。そんなことより、ああ、鏡見るだけで頭痛くなりそう。

女の子はどうして学校へ行きたくないのですか。

1番

女の人と男の人が話しています。この商店街はどうして観光客が増えましたか。

M そういえば、この商店街、5年前に来たときより観光客が増えてるような気がするんだけど。5年前はこんなお洒落なビルもなかったし、昔ながらの雰囲気がとてもよかったんだけどな。温かい感じがして。

F そうね。そういえば、海外のバラエティー番組でここを紹介したらしいよ。

M へえ、道理で外国人観光客が多いわけだ。

F しかも、来年公開の映画にここの近くにある神社がでるらしいよ。映画の撮影地の近くだから、ここももっと人が多くなるね。

M そっかぁ。この商店街は賑やかになっていいかもしれないけど、ちょっと残念だな。落ち着かないというか。

F そうね。人が多すぎて、私、疲れちゃった。どこかで休憩しましょ。あ、この喫茶店、雑誌で見たことある。パンケーキが有名なのよね。

M じゃあ、そこで休んで行くか。

この商店街はどうして観光客が増えましたか。

2番

女の人と男の人が話しています。男の人はどうして仕事を休みますか。

M 僕、明日から三日間、会社を休むことになったので、明日の会議、よろしくお願いします。

F え、先月も休まれませんでしたっけ？ 大丈夫ですか。

M はい、この前はうちの母が交通事故に遭って、足を骨折してしまったんです。それで、身の回りの世話をしに田舎に帰っていたので休みをもらってたんですが…。

F じゃ、今回もお世話をしに？

M はい、世話することはするんですけど。今回は子供たちの世話なんです。妻が先週インフルエンザになってしまったんですが、それが移ってしまったみたいで。妻は先週、会社を休んじゃったのでもう休めないって言ってて、代わりに僕が…。

F 大変ですね。大丈夫ですか。

M はい、今のところは。でも、僕もいつインフルエン

ザになるか…。あ、そうだった。妻に帰りにマスクを頼まれてるんですけど、この辺りで薬局どこにあるか知ってますか？

F ええ、大きな本屋の隣にありますよ。

男の人はどうして仕事を休みますか。

3番

女の人と男の人が話しています。女の人はどうして男の人に電話しましたか。

F もしもし、私、大学のサークルで一緒だった斎藤美香です。吉田先輩、お久しぶりです。

M あ、美香ちゃん、久しぶりだね。どうしたの？ サークルのことかな？

F いえ、あの、吉田先輩にお尋ねしたいことがありまして…。実は私、免許を取ったので車を買おうと思ってるんですけど。最近、先輩が新車を買われたと聞いて…。

M うん、そうだけど。僕が買ったのはヤマダ自動車から新しく出たモデルのファミリーカーだよ。

F そうなんですね。私もヤマダ自動車で探してるんですよ。いろいろ調べて見たんですけど、ネットでの評判がいいみたいですね。車が故障したとき、修理に対しても他の国内のメーカーの中でヤマダ自動車が一番いいって聞いて。

M 僕はまだ新車だから故障したことがなくてわからないけど、大きな会社だし、安心できるよね。

F 乗り心地はどうですか。

M とても静かで、運転もしやすいよ。

F そうなんですね。それを聞いて安心しました。私もヤマダ自動車の車にします。先輩、ありがとうございました。

女の人はどうして男の人に電話しましたか。

4番

女の人と男の人が話しています。会社が販売中のインスタントラーメンを回収する理由は何ですか。

M まいったなぁ。

F 部長、どうかしたんですか。

M 実はお客様から苦情が来ていてね。うちの主力商品の一つであるインスタントラーメンの麺の中に虫

が入ってたらしいんだ。これが本当だと、異物混入だから、大問題だよ。

F　え〜、どこで入ったんですかね。

M　そんなことより、早く回収しないと。

F　そうですね。この前、ライバル会社も焼きそばの麺にカビが生えていて、それを知らずに食べた人が食中毒になったってニュースになってましたからね。

M　ああ、社長とも話した結果、全商品を自己回収し、販売中止にすることにしたんだ。

F　このままだと、企業イメージも悪くなって他の商品の人気もなくなってしまいますからね。

M　ああ、だから、至急回収する必要があるんだ。

会社が販売中のインスタントラーメンを回収する理由は何ですか。

5番

女の人と男の人が回転寿司屋で話しています。男の人はどうしてアンケートに記入していますか。

F　あれ？何、それ？

M　あ、これ？顧客満足度についてのアンケートなんだって。さっき店員さんに暇なとき書いてくださいって言われてね。

F　何か特典でもあるの？

M　うん、そうなんだよ。それが結構いいんだよ。

F　どうせ、ポイント二倍とかお味噌汁半額とかなんじゃないの？

M　それが、お食事券1500円分なんだよ。割引とかよりはるかによくない？

F　そうだけど、どうせだったら1500円、現金で欲しいな。

M　他のお店だったら一皿無料とかが多いから、もらえるだけありがたいよ。

F　まあ、そうね。でも、私だったら、食事代、全部無料にしてほしいな。

男の人はどうしてアンケートに記入していますか。

6番

スキー講師が話しています。講師は転んだとき、どうして端の方に移動するべきだと言っていますか。

M　スキーは上手に滑れるまでにたくさん転びます。上級者になるとすぐに立ち上がることができますが、初心者の方はそれが難しく、転んだまま座り込んでしまう人もいます。スキー場には正しい止まり方ができない初心者の他に、速いスピードで滑っている人もいるので、真ん中で座り込んでしまうと周りの人の迷惑にもなりますし、なによりも事故やケガをする場合も多くて危険です。こういう場合はすぐに端に移動しましょう。

講師は転んだとき、どうして端の方に移動するべきだと言っていますか。

問題3

問題3では、問題用紙に何も印刷されていません。この問題は、全体としてどんな内容かを聞く問題です。話の前に質問はありません。まず話を聞いてください。それから、質問とせんたくしを聞いて、1から4の中から、最もよいものを一つ選んでください。

例

テレビでアナウンサーが通信販売に関する調査の結果を話しています。

F　皆さん、通信販売を利用されたことがありますか。買い物をするときは店に行って、自分の目で確かめてからしか買わないと言っていた人も、最近この方法を利用するようになってきたそうです。10代から80代までの人に調査をしたところ、「忙しくて買いに行く時間がない」「お茶を飲みながらゆっくりと買い物ができる」「子供を育てながら、働いているので、毎日の生活になくてはならない」など多くの意見が出されました。

通信販売の何についての調査ですか。

1　利用者数
2　買える品物の種類
3　利用方法
4　利用する理由

1番

男の人が話しています。

M 皆さんは夢をよく見ますか。見る夢は日によって、または人によって様々です。寝ている時に見る夢はよく皆さんの未来を表すと言われています。また、悪い夢を見ると悪い事が起きるのではないかと心配になりますよね。私の友人はよく自分の家が火事になる夢を見るそうです。こんな夢を見る人は運気がよくなる傾向があります。また人生での大きなイベントが訪れることを表しています。何か挑戦したい人はこの夢を見た後に実行するといい結果になるでしょう。どのような出来事であっても、未来はいい方向へ変わっていくので、心配しなくても大丈夫ですよ。

男の人は何について話していますか。

1 自分の将来の夢
2 昨日見た夢の内容
3 見た夢が表す意味
4 いい夢を見る方法

2番

日本語学校の先生が話しています。

F 皆さんの国では2月のイベントといえばバレンタインデーだと思いますが、日本では節分という日があります。バレンタインデーは14日ですよね。でも節分は立春、つまり暖かい季節に変わる日の前日にあります。この節分の日には昔から豆をまく習慣があります。昔話でも有名ですが、豆をまくのは悪い鬼を家から追い払うためですよね。昔の人は目に見えない病気や災害を鬼に例えて、それを追い払うために豆まきを始めたそうです。また、この日は豆をまくだけでなく、豆を食べる日でもあります。今日は先生が皆さんのために豆を持ってきましたから一緒に食べてみましょう。

先生は何について話していますか。

1 豆を食べる理由
2 節分という風習
3 豆まきのやり方
4 バレンタインデーの意味

3番

テレビでアナウンサーが話しています。

M 多くの人が悩んでいる便秘。便秘が続くとお腹が張って苦しかったり、おならが出たり、肌荒れになったりと大変ですよね。最近では薬局で便秘薬も売っていますが、できれば薬に頼りたくないですよね。便秘とサヨナラしたいと思ったら、まずは食事や睡眠の時間を一定にそろえることが重要です。日常的にストレスを感じている人も便秘になりやすいので、ストレスをためず、規則正しい生活を心がけるようにしましょう。

アナウンサーは何について話していますか。

1 便秘の危険性
2 便秘の解消法
3 便秘に効く薬
4 便秘の種類

4番

女の学生と男の学生が話しています。

M どうしよう？ なかなか決まらないなあ。
F 私はもう決めたよ。
M 僕はまだスポーツ文化論をどうしようか、悩んでて…。
F なんで？ 興味があるなら受けてみたらいいんじゃない？
M 僕スポーツ好きだから、興味はあるんだけど、課題も多いし、出席確認も厳しいらしいんだ。就職活動の準備とかしてたら、課題までできそうになくってさ。
F そうね。私もあえて課題の少ないものを選んだよ。私、来年カナダへ留学に行くつもりだから、今年は就職活動しないで1年間その準備をすることにしたの。
M そっかあ。あと、スポーツ科学もいいなあと思ってるんだよね。
F それ、先輩も面白かったって言ってたよ。

二人は何について話していますか。

1 就職活動
2 1年間の留学

3 科目の選択

4 スポーツの趣味

5番

ラジオで専門家が話しています。

F 最近では、健康に対する関心が高まってきました。しかし、残念なことに若い人の中で健康診断を受ける人は費用や時間の問題もあり、そう多くはありません。20代、30代の方たちは体力も十分にあり、まだ若いからという理由で健康に対する不安はあまりないでしょう。確かに、生活習慣病は40代から増加する傾向にあります。だからこそ、若いうちに検査をすることによって早くその病気に気づくことができるのです。20代、30代は運動量が不足したり、食生活も乱れやすい時期です。生活習慣病は不規則な生活が原因になることもあるので、規則正しい生活を心がけましょう。

この話の主なテーマは何ですか。

1 健康診断の費用と時間
2 健康診断後の生活習慣
3 健康診断を受けるべき理由
4 健康診断に対する不安

問題4

問題4では、問題用紙に何も印刷されていません。まず文を聞いてください。それから、それに対する返事を聞いて、1から3の中から、最もよいものを一つ選んでください。

例

F 今日ちょっと、残って仕事してってもらえない？
M 1 今日ですか。はい、分かりました。
　 2 すみません、今日遅くなったんです。
　 3 残りは、あとこれだけです。

1番

F シャンプーを致しますが、かゆいところはございませんか。

M 1 どこでも大丈夫ですよ。
　 2 そうですね。あるかもしれません。
　 3 はい、別にないですよ。

2番

F このお菓子には牛乳2リットル分のカルシウムが入っているので、お子さんにお勧めです。
M 1 うちの子、牛乳嫌いだけど、これなら食べられそう。
　 2 え、2リットルも？ 結構重そうだね。
　 3 牛乳、そんなにたくさん飲んだの？

3番

M 本当は、今日からダイエットするつもりだったんだけど…。
F 1 どうかしたんですか。
　 2 嘘をついてしまって、すいませんでした。
　 3 どうしてやめてしまったんだろう。

4番

F 結局、どっちが食べたいの？ そろそろ、はっきりさせてほしいんだけど。
M 1 ほしいなら、それあげるよ。
　 2 もう少し、待ってくれないかな。
　 3 1時間もならんだ甲斐があったね。

5番

F こんなに難しい計算なのに、よく間違えないわね。
M 1 そうなんだ。よく間違えるんだよ。
　 2 僕、昔から算数だけは得意なんだ。
　 3 まあ、そんなには間違えないよ。

6番

M これから、一緒に図書館に行かない？
F 1 ごめん、さっき、行ってきたばかりなの。
　 2 うん。まだ、来ないね。
　 3 え、もう行ってきたの？

7番

F 運転免許の試験ってほんと難しそう。私、合格できるかな？

M 1 え、また落ちちゃったの？
　 2 そんなに心配しなくて大丈夫だよ。
　 3 そんなに難しかったんだね。

8番

F なんか、最近の夕食、じゃがいも料理ばかりじゃない？

M 1 たくさんもらっちゃったんだから、しょうがないんだ。
　 2 そうね。じゃがいもが足りなくて、困ってるんだ。
　 3 おいしそうだね。今度食べさせてね。

9番

M こんなことになるなら、もっとピアノの練習をしとけばよかったな。

F 1 たくさん練習したんだ。すごいね。
　 2 そうだね。そうしたら失敗しなかったかもしれないね。
　 3 うん、ここで練習してもいいよ。

10番

M ボランティアの申請の締め切りっていつだっけ？

F 1 教えてくれるの？ありがとう。
　 2 知ってたら、後で連絡して。
　 3 もう忘れたの？明後日だったでしょ。

11番

F 人気のお店だと聞いて行ったのにがらがらだった。

M 1 そんなに空いてたの？
　 2 うるさそうだね。
　 3 そんなにおいしいお店なんだね。

問題5

問題5では、長めの話を聞きます。この問題には練習はありません。問題用紙にメモをとってもかまいません。

1番、2番

問題用紙に何も印刷されていません。まず話を聞いてください。それから、質問とせんたくしを聞いて、1から4の中から、最もよいものを一つ選んでください。

1番

家族三人が話しています。

F1 お母さん、お父さん、話があるの。実は大学の近くで一人暮らしがしたくて…。

F2 家から大学まで1時間もあれば行けるのに一人暮らしをする意味あるのかしら？お金もかかるし。

F1 毎日、往復2時間を満員電車で通学するのがストレスなの。それに早く自立して、立派な社会人になる練習もしておきたくて。

M 理由はわかったけど。お金はどうするんだ？

F1 お金はできるだけ、自分で何とかする。部屋代はお願いすることになると思うけど、電気代や食費なんかの生活費は自分でアルバイトして稼ぐから。

F2 そう。自立したい気持ちはわかるけど、女の子の一人暮らしは危ないのよ。それにアルバイトばかりして大学の勉強に身が入らないんじゃない？

F1 そうならないように頑張る。アルバイトも勉強も。もし、成績が落ちるようなことがあったら、アルバイトも一人暮らしもやめてうちに帰るから。

M わかった。それだけの覚悟があるなら、応援するよ。家賃も生活費もお父さんが出してあげよう。その代り社会人になったら返してくれよ。

F1 うん。ありがとう。お父さん。

娘は一人暮らしの費用をどうすることにしましたか。

1 全ての費用を自分で準備する
2 家賃は自分が支払う
3 生活費は自分が支払う
4 全ての費用を親に借りる

2番

女の人と男の人が話しています。

F 吉田君、足の方はどう？

M 少し痛みますけど、だいぶよくなってきましたよ。このままいけば、来週にはトレーニング再開できそ

うです。

F　でも、結構大きな事故だったし、しかも、先月だったでしょ？もっとしっかり休まないと。お医者さんからは全治三ヶ月って言われたのよね？自分では大丈夫だと思っていても、いつどうなるかわからないから、完璧に治るまでは家でゆっくり休みなさい。

M　僕、いつ頃試合に出させてもらえますか。さすがに、8月16日にある試合には間に合いそうにありませんよね。

F　そうね。残念だけど、今月の試合はあきらめた方がいいね。

M　はい、やっぱりそうですよね。とりあえず、三ヶ月後の試合に向けて、できることを家でやっておきます。

F　う～ん、いくらエースだった吉田君でも、治ってすぐは難しいよ。チームに戻るには最低一ヶ月は練習が必要よ。バレーボールはチームワークが必要なスポーツだから、やっぱりみんなと練習した後じゃないと。

M　わかりました。できるだけ早くチームに戻れるように頑張って治します。

男の人はいつの試合にでますか。

1　8月

2　9月

3　10月

4　11月

3番

まず話を聞いてください。それから、二つの質問を聞いて、それぞれ問題用紙の1から4の中から、最もよいものを一つ選んでください。

テレビで大人の趣味講座について話しています。

F1　最近、趣味のため、または仕事に活かすため、習い事をする社会人の方が増えています。今日は、そんな大人の方に人気の講座についてご紹介したいと思います。まず最初にご紹介するのは、「ワインエキスパート講座」です。趣味から始める方もいらっしゃいますが、最終的にソムリエになることを目指している方もいらっしゃいます。毎回おいしいワインを飲み比べることができ、大変人気です。次にご紹

介するのは、「ガラス工芸講座」です。小皿やコップなどの食器はもちろん、アクセサリーも自分で作れます。ハンドメイドがお好きな方に人気の講座です。この講座と同じくらい人気なのが「ビジネス英会話講座」です。こちらはお仕事で英語を使う方にもそうですが、資格を取るために勉強している方にもおすすめの講座です。最後にご紹介するのは「コミュニケーション講座」というちょっと変わった講座です。会社の面接やプレゼンはもちろん、人と話すことが苦手な方にお勧めの講座になっています。この機会に皆さんも新しい趣味を始めてみてはいかがでしょうか。

F2　新しい趣味、いいね。さっきの四つの中で何がいいかな。

M　う～ん、悩むね。美沙はワイン好きだから、どうせ、あの講座だろ？

F2　うん、確かにそうね。でも、一度、自分で作ったワイングラスでおいしいワインを飲んでみたかったの。だからあの講座にしようかな。

M　へえ～、それもいいね。僕は人と話すことが好きだから、あの講座にしようかなと思うんだ。楽しそうだし、転職も考えてるから面接の練習とかちょうどいいと思ってね。

F2　だったら、あっちの方がいいんじゃない？世界の人達と話せるし、より多くの人と話せた方が楽しいんじゃない？転職を考えてるなら、資格もあった方がいいしね。

M　確かに、それもそうだね。

質問1
女の人はどの講座を受けますか。

質問2
男の人はどの講座を受けますか。

JLPT N2 파이널 테스트 5회
정답 및 청해 스크립트

問題 1

問題1では、まず質問を聞いてください。それから話を聞いて、問題用紙の1から4の中から、最もよいものを一つ選んでください。

例

授業で先生が話しています。学生は授業を休んだとき、どのように宿題を確認しますか。

M ええと、この授業を休むときは、必ず前の日までに連絡してください。

F メールでもいいですか。

M はい、いいですよ。あ、それから、休んだときは、私の研究室の前の掲示を見て、宿題を確認してください。友達に聞いたりしないで、自分で確かめてちゃんとやってきてくださいね。

F はい。

M それから、今日休んだ人、リンさんですね、リンさんは、このこと知りませんから、だれか伝えておいてくれますか。

F あ、私、リンさんに伝えておきます。同じ寮ですから。

M じゃ、お願いします。

学生は授業を休んだとき、どのように宿題を確認しますか。

1番

映画館の店長とアルバイトが話しています。女のアルバイトはこの後まず何をしますか。

F すみません、店長、1時間前に観覧されたお客様からお電話があったんですが、どうも忘れ物をされたみたいで…。そのお客様は劇場の一番後ろの席に座られてたみたいなんですが。

M そうですか。幸い次の上映はまだみたいですね。チケットカウンターの方に忘れ物は届いてませんでしたか。

F お客様は、車の鍵をなくされたんですが、確認したらそのような忘れ物は届いてないとのことでした。

M そうですか…。もしかして、今もお客様と通話中ですか。

F いえ、一旦電話を切って、状況がわかり次第こちら

からかけ直すことになっています。

M では、今から私が劇場の中を見てきますね。念のためトイレの中も確認してから、もう一回チケットカウンターに忘れ物が届いているか確認してきてください。

F はい。

女のアルバイトはこの後まず何をしますか。

2番

会社で女の人と男の人が話しています。男の人はこの後何をしますか。

F 鈴木さん、準備はどう？ 順調かな？ 明日は取引先との大事な会議だから、しっかりね。

M はい。明日のプレゼンは課長がされるんですよね。サポートがんばります。とりあえず、来客用会議室を予約して、テーブルや椅子などの設置はしておきました。飲み物も人数分より多めに準備しておきましたし。

F ありがとう。あ、プレゼン用の機械の調子はどうだった？

M スクリーンも異常ありませんでしたし、パソコンにつないで明日流す映像も確認してみたんですが、問題はありませんでした。でも、一応また明日、会議の前に試してみます。

F あと、明日配る資料のことなんだけど。

M はい。一応大体はできたんですが、グラフの部分が少々不安で、部長に確かめようと思っているところです。部長は今外勤で、午後お帰りらしいので…。

F そうなんだ。じゃあ、全部できたら資料のコピー、忘れずにね。それから、今日中に会議室の机の上にセットしておいてくれる？

M はい。わかりました。

男の人はこの後何をしますか。

3番

お弁当屋で店長と従業員が話しています。店長はこれから何をしますか。

F 最近、朝のアルバイトを増やしてみたんですが、お店の方はどんな感じですか。

M はい、朝、お弁当を買う方がたくさんいらっしゃる

ので、とても助かりました。接客もスムーズで、前よりも売り上げが伸びたと思います。

F それはよかったです。あと、お味噌汁の置き場所を変えた結果、効果はどうでしたか。

M やはりお弁当を買うついでに朝ごはんがわりでお味噌汁を飲む方が増えたように思います。あの、おにぎりなどもメニューに増やすのはどうでしょうか。アルバイトも増えましたし。

F どうしてそう思うんですか。

M お弁当はお昼ごはん、お味噌汁は朝ごはんとして買って行く方が多いので、手軽に食べられるおにぎりやサンドイッチなどを朝のお店に置けば、お味噌汁と一緒に朝ごはんとしての人気が出るのではないかと思うんです。

F なるほど。では、試しに明日からやってみましょう。評判がよければ、朝ごはんのメニューを増やして行くことにして。

M はい。

店長はこれから何をしますか。

4番

大学で女の学生と男の学生が話しています。男の学生はこの後、まず何をしますか。

M 明日から夏休みだね。今学期最後の授業も終わったことだし、美咲はこれから何するの？

F 私はキャンプに行く予定なんだ。今日の夜出発して、明日戻ってくるんだけど。それでこれから買い出しに行くんだ。あ、そうだ、慎吾も一緒に来ない？大勢の方が楽しいし。

M そうなんだ。ありがとう。でも僕、約束があって…。実は今日父さんの誕生日なんだ。それで実家に戻らないといけなくて。

F へえ、いいなあ。おいしいものたくさん食べれるじゃん。じゃあ、今から実家に？

M いや、この荷物じゃ、電車に乗るの大変だから一回、アパートに戻って荷物おいてからかな。

F あ、そういえば、プレゼントは？

M あ、いけない。すっかり忘れてたよ。プレゼントを取りに行かなくちゃいけないんだ。父さんのために新しい腕時計を時計屋に注文してて、今日受け取る予定だったんだ。実家へ行く前に取りにいかなき

ゃ。それにケーキも。

F だったら、ケーキは最後にした方がいいんじゃない？

M そうだね。崩れたらいけないし。そうするよ。

男の学生はこの後、まず何をしますか。

5番

ミュージアムで女の人が案内放送をしています。サイン会に参加したい人は、まず、どこに行きますか。

F 本日は「漫画ミュージアム」へお越しいただき、ありがとうございます。館内のご案内を申し上げます。当館には1階から2階まで合わせて4つの展示室と二つのホールがあり、展示室1から2は漫画の歴史、3から4までが人気漫画家の原画作品展となっております。音声ガイドのイヤホンの貸し出しは1階の展示室1の入口で行っておりますので、ご利用の方は入口までお越しください。また、本日は人気漫画家のサイン会を午後2時から2階、中央ホールで行う予定です。ご興味のある方はぜひ、お越しください。なお、こちらの参加には整理券が必要です。整理券は展示室3の入口で配布いたしております。こちらで整理券をお受け取りの上、中央ホールまでお越しいただきますよう、お願い申し上げます。何かお困りのことがございましたら、展示室2の入口前にあるインフォメーションコーナーまでお越しください。

サイン会に参加したい人は、まず、どこに行きますか。

問題2

問題2では、まず質問を聞いてください。そのあと、問題用紙のせんたくしを読んでください。読む時間があります。それから話を聞いて、問題用紙の1から4の中から、最もよいものを一つ選んでください。

例

母親と高校生の女の子が話しています。女の子はどうして学校へ行きたくないのですか。

F1 どうしたの？朝からためいきばっかり。だれかとけんかでもしたの？

F2 それはもういいの、仲直りしたから。それより、見てよ、この前髪。

F1 まあ、また、思い切って短くしたわね。

F2 こんなんじゃ、みんなに笑われちゃうよ。ねえ、今日学校休んじゃだめ?

F1 だめに決まってるでしょ。そんなこと言って、本当は今日の試験、受けたくないんでしょ。

F2 違うよ、ちゃんと勉強したんだから。そんなことより、ああ、鏡見るだけで頭痛くなりそう。

女の子はどうして学校へ行きたくないのですか。

1番

ラジオで専門家が話しています。専門家は写真を撮ることについて、どうして危険だと言っていますか。

M きれいなものを写真に残したいという気持ちは理解できます。ですが、写真を撮るために危険な行為、道の真ん中に座り込んだり、立ち入り禁止の場所に入ったり、命の危険はもちろん、周りに迷惑をかける行為は許されたものではないはずです。気を付けなければいけませんよね。しかし、私はそれよりも、話題になっている食べ物の写真を撮るという流行に対して気になることがあります。特に食べたくもないのに、きれいな写真を撮りたいからと食べ物を買うのはどうなのでしょう。私はそこに危ないものを感じるのです。結局、見た目を重視しすぎて、食べたくないものも注文したりします。無理をしてでも食べる人はいいのですが、道に捨ててしまってゴミになっているのを私は何度も見てきました。世界には食べ物が食べたくても食べられない人もいるのに、とても残念でなりません。

専門家は写真を撮ることについて、どうして危険だと言っていますか。

2番

先生と女の学生が話しています。女の学生は自分の発表のどんなことがよくなかったと言っていますか。

M 伊藤さん、発表のし方、上手になりましたね。たくさん練習してきたのがわかりましたよ。

F 先生、ありがとうございます。今回は前回の発表の時に先生に注意してもらった部分に気を付けまし

た。この前はセリフを覚えていなかったので、下を向いてばかりいましたから。まあ、今回も少し後悔はあるんですが…。

M そうでしたか。何について後悔してるんですか。

F 今回は発表時間が15分だったので、少し短く感じてしまって。最後の5分でこのままでは時間内に全て話せないことに気づいて、話すスピードを速くしたんです。そしたら、やっぱり聞いてる人には聞き取りづらかったと思います。

M そうですね。伊藤さんの場合はしっかり調べてきているので発表内容は問題ないのですが、まとめる力をもっとつけた方がいいですね。

F はい、次からは内容が多すぎないように、言いたいことをしっかりまとめてから話してみます。

女の学生は自分の発表のどんなことがよくなかったと言っていますか。

3番

テレビで専門家が話しています。専門家は親が子供を叱る時、どうした方がいいと言っていますか。

M 子育てをしていると子供の叱り方についての悩みが出てきますよね。子供をいくら叱っても言うことを聞いてくれなかったり、感情的になってしまったり。叱るということは相手を思い、間違いを正すことですが、怒るということは感情をぶつけているだけで、相手に対する思いやりはありません。もしかしたら、いくら叱っても子供に伝わらないのは、叱っているのではなく怒っているからかもしれませんね。また、子供に納得してもらうために、叱る理由を話すのがいいと言う人もいますが、答えを先に話してしまうのは子供に考える時間を与えないことになります。ですから、子供に叱られている理由を聞いてみるのがいいですね。

専門家は親が子供を叱る時、どうした方がいいと言っていますか。

4番

女の人と男の人が料理をしながら話しています。女の人はじゃがいもをどうしてほしいと言っていますか。

M ねえ、このじゃがいもって、この前みたいに小さく切ればいいよね。

F この前はポテトサラダだったから、小さく切ったのよ。早く柔らかくしてじゃがいもをつぶしやすいようにね。でも、今日はカレーよ。子供用のカレーだったらそれでもいいんだけどね。

M じゃ、どうすればいいの？

F 一口サイズに切ればいいのよ。3～4センチくらいかな？

M そんなに大きくていいの？

F ほら、じゃがいもって溶けやすいから、シチューとかに入れるじゃがいもはこれくらいがちょうどいいの。

M へえ、知らなかった。他の材料は？

F 材料はみんな同じような大きさで大きめに切ってね。火の通りがバラバラで、食べる時に固さが違うのは嫌でしょ？じゃがいもは固くてにんじんは柔らかいなんて、食べづらいじゃない？

M うん、わかったよ。

女の人はじゃがいもをどうしてほしいと言っていますか。

5番

女の人と男の人が話しています。男の人がお腹が痛くならなかった理由は何ですか。

F うちの子、緊張やストレスに弱くて、小さなことでもすぐお腹が痛くなるんです。

M 僕も、昔そうでしたよ。病院に行っても原因はわからないと言われましたが、大人になれば自然に治るそうですよ。

F ええ、うちの子もお医者さんからそう言われました。でも、運動会、スピーチ大会、ことあるごとにお腹が痛くなるので薬を飲ませてるんですが、やはり薬ですから体によくないですし。心配で。

M そうですね。あ、そうだ。僕一度、体に負担をかけない方法で腹痛が治ったことがあるんですよ。

F え、薬を飲まずにですか。

M まあ、親に騙されたんですけど。親には緊張しなくなる薬だからと飲まされたのが、ただの飴だったんです。その飴がとてもおいしくて、こんなにおいしい薬があるのかと考えているうちに自分が緊張して

いることを忘れていたんです。

F じゃ、お腹も痛くならなかったんですね。

M はい。結局、僕の場合は気持ちの持ちようだったんだと思います。

男の人がお腹が痛くならなかった理由は何ですか。

6番

会社で女の人と男の人が話しています。男の人はどうして疲れていますか。

M はあ～、疲れた。

F どうしたの？最近、仕事忙しいみたいだったけど…。子供もいるんだし、ちょっと減らしたら？

M 僕だけそんなことできませんよ。僕以外にも子供の面倒見ながら働いてる人たくさんいますし。仕事も先月に比べたら、ましになってきました。

F でもさ、子供が病気の時くらいは休まなきゃ。西田さん、シングルファザーだし、子供が理由ならみんな理解してくれるんじゃない？

M まあ、特別な理由がある時はですね。でも、今は休むほどの特別な理由もありませんし。実はうちの康介、来月から小学生になるんですよ。鞄作ったり、文房具に名前書いたりで夜中まで作業してたら寝れなくって。それでちょっと睡眠不足なんです。

F そっか。大変なんだね。あ、そういえばテレビで見たけど、疲れた時はバナナがいいって。ちょっと食べる？

M いいえ、大丈夫です。僕、バナナはあまり好きじゃないんで。

男の人はどうして疲れていますか。

問題3

問題3では、問題用紙に何も印刷されていません。この問題は、全体としてどんな内容かを聞く問題です。話の前に質問はありません。まず話を聞いてください。それから、質問とせんたくしを聞いて、1から4の中から、最もよいものを一つ選んでください。

テレビでアナウンサーが通信販売に関する調査の結果を話しています。

F 皆さん、通信販売を利用されたことがありますか。買い物をするときは店に行って、自分の目で確かめてからしか買わないと言っていた人も、最近この方法を利用するようになってきたそうです。10代から80代までの人に調査をしたところ、「忙しくて買いに行く時間がない」「お茶を飲みながらゆっくりと買い物ができる」「子供を育てながら、働いているので、毎日の生活になくてはならない」など多くの意見が出されました。

通信販売の何についての調査ですか。

1 利用者数
2 買える品物の種類
3 利用方法
4 利用する理由

1番

野菜の専門家が話しています。

M トマトが健康にいいのは皆さんご存知だと思います。サラダとして食べてもいいし、加熱してスープなどにして食べてもおいしいですよね。そんなトマトですが、日本には18世紀に鑑賞用として伝わりましたが、トマトの匂いや色に慣れていない日本人の間では普及しませんでした。しかし、20世紀から徐々にソースやケチャップのような形で日本人の舌がトマトの味に慣れていき、現在のように多くの人がトマトを食べるようになったのです。

専門家は何について話していますか。

1 トマトの栄養効果
2 トマトの日本での広まり方
3 トマトの調理方法
4 トマトの育て方

2番

ラジオで女の人が話しています。

F 子供の時に親に褒められると頭を撫でられた経験がある方は多いと思います。また、彼女や彼氏に頭を撫でられるのが好きという方も多いのではないでしょうか。つまり、頭にある髪を自分で撫でる癖のある人は男女問わず、褒められたいや甘えたいなどの心理が隠れているのです。ですから、もし、異性の相手が自分の髪を撫でる仕草をしたら、あなたに気があるのかもしれませんね。また、その相手が同性ならその相手を褒めてあげるといいでしょう。

女の人は何について話していますか。

1 頭の撫で方
2 上手な褒め方
3 癖と人間の感情
4 髪を撫でる時のマナー

3番

市役所の担当者が話しています。

F 鳩山市役所では今、市内に住んでいる三歳以下のお子様に無料で幼児教育を行っています。絵本の読み聞かせやパズルなど、様々な教室を開いています。中には幼い頃の記憶はすぐ忘れてしまうのではと、幼児教育の効果はないとおっしゃる方もいらっしゃいますが、実はそんなことはありません。小さい頃に「見る」「聞く」「触る」などの感覚を通して脳を刺激することが大事なのです。ですから、しないよりも、する方が子供の成長にはいいのです。市ではお子さんたちが楽しく学べる環境づくりにこれからも取り組んでいきます。

担当者は主に何を話していますか。

1 幼児教育の意義
2 幼児教育の体験
3 幼児教育の種類
4 幼児教育のデメリット

4番

ボランティア団体の責任者が話しています。

M 私たちは、災害に遭われた方に食事を支援する取り組みを行っている「食べ物バンク」というボラン

ティア団体です。今回は大型台風の影響で町から出られなくなった方々に無料でおにぎりを配布しています。本当にありがたいことに、小学生から中学、高校、大学生、またお年寄りの方まで、支援の輪が広がっています。本当にこんなにもたくさんの暖かい気持ちに私たちはとても感動しています。また、私たちの団体は最小限の人数で行っているため、ご支援のお申し出に電話で対応させていただくことができません。大変申し訳ございませんが、「食べ物バンク」のホームページからご支援のお申し込みをしていただきますよう、お願い申し上げます。

責任者が今一番言いたいことは何ですか。

1 ボランティア団体への問い合わせの多さ
2 ボランティアを行っている人の紹介
3 ボランティアから支援を受けたい場合の連絡方法
4 ボランティアに協力したい場合の連絡方法

5番

学校の先生が学生たちに話しています。

F 皆さんは毎日、ニュースを見ていますか。先生は昨日、面白いニュースを見ました。ある地方の小学生が町を元気にする取り組みをしたんです。その子たちの小学校がある場所は田舎でネギが特産品なんですけど、全然知られていませんでした。それで、小学生たちが自分たちの住む町のネギのよさをもっとみんなに知ってほしいと思って、いろんな商品を考えたんです。そして、町役場の人にプレゼンをして実際に売ることになったんです。どうですか？皆さんもやってみたいと思いませんか。皆さんもこの地域が活気づく方法を考えてみましょう。

先生は学生に何をするように言っていますか。

1 先生が昨日見たというニュースについて調べる
2 ネギが有名になるような商品を開発する
3 町役場の人にプレゼンテーションをする
4 地域を盛り上げるためのアイデアを考える

問題4

問題4では、問題用紙に何も印刷されていません。まず文を聞いてください。それから、それに対する返事を聞いて、1から3の中から、最もよいものを一つ選んでください。

例

F 今日ちょっと、残って仕事してってもらえない？
M 1 今日ですか。はい、分かりました。
　 2 すみません、今日遅くなったんです。
　 3 残りは、あとこれだけです。

1番

F こんなことになるなら、髪の毛なんて切るんじゃなかった。
M 1 いいよ。僕が切ってあげようか。
　 2 せっかくだから、切ったらよかったのに。
　 3 え、そうかな？僕はとても似合ってると思うよ。

2番

F 今の時期に飲み会をするのは、ちょっと問題じゃないでしょうか。
M 1 そうですね。おいしい物を食べに行きましょう。
　 2 そうですね。来月に延期にしましょうか。
　 3 そうですね。一緒に問題を解きましょう。

3番

F うちの子、最近、急にバスケに打ち込むようになっちゃって。
M 1 へえ、何かきっかけでもあったんですか。
　 2 ボールでけがだなんて。大丈夫なんですか。
　 3 もっと運動してくれるとうれしいですよね。

4番

M 自転車に鍵をかけるのを忘れたばかりに、誰かに盗まれてしまいました。
F 1 残念でしたね。これからは気を付けた方がいいですよ。

2　自転車屋さんで修理してもらった方がいいです
　　ね。

3　泥棒はいけませんね。正直に話した方がいいで
　　すよ。

5番

F　え、あのレストラン、大人気で予約取れないと思っ
　　てたのに。

M　1　うん、予約取れたらよかったんだけどな。

2　予約なんてとるんじゃなかったよ。

3　ほんと運がよかったね。

6番

M　この本、あと３００円あったら買えるのになあ。

F　1　貸してあげるよ。でも後で返してね。

2　３００円？ そんなに安いなら買ってあげようか。

3　本って３００円で買えるんだね。

7番

M　どうしよう。大学の入学試験まで後一ヶ月なのに、
　　このままだと毎日１６時間勉強しても合格できっこ
　　ないよ。

F　1　合格できそうでよかったね。

2　もう、合格したんだ。おめでとう。

3　そんなことないんじゃないかな。

8番

M　彼女の家に挨拶に行くのに、さすがに手ぶらはだめ
　　だよね。

F　1　就職もしないでぶらぶらするのはちょっと…。

2　お花でも買って行ったらどう？

3　うん、手にぶら下げないと危ないよ。

9番

M　この前、旅行に行ってきたんですが…。これ、ほん
　　の気持ちです。

F　1　この本、貸してくれるんですか。

2　お気持ちはわかります。

3　結構なものをいただいて…。

10番

M　新商品のデザイン、どうにか、発売までに間に合い
　　そうだよ。

F　1　あともう少しだったのに、残念だったね。

2　もうあきらめたの？ もう少し頑張ったら？

3　一時はどうなることかと心配したよ。

11番

F　部長のくだらない話にはもうたくさんだよ。

M　1　そんなに面白かったんですか。

2　そうですよね。私もこりごりですよ。

3　もっと話してほしいですよね。

問題5

問題5では、長めの話を聞きます。この問題には練習
はありません。問題用紙にメモをとってもかまいません。

1番、2番

問題用紙に何も印刷されていません。まず話を聞いて
ください。それから、質問とせんたくしを聞いて、1か
ら4の中から、最もよいものを一つ選んでください。

1番

グループ発表について高校生三人が話しています。

M1　そろそろ、生物の授業の発表、準備始めた方がい
　　いんじゃない？

F　そうだね。テーマどうしよっか？ みんなとはちょっ
　　と違って面白そうなのがいいよね。

M2　だけど、やっぱり成績に関係があるから、まじめな
　　テーマの方がいいと思う。

M1　健二、中間テスト悪かったからね。ここで挽回しな
　　いと。

F　先週のグループは日本固有の海の生き物について
　　発表してたよね。あれも結構評判よかったみたいだ
　　よ。

M1　じゃ、僕たちは日本固有の虫についてはどうかな？

M2　いいね。虫の生態って結構不思議なの多いし。絶
　　滅危惧種とか環境問題と関係させて発表するのも

いいかもね。

F　え〜、私、虫苦手なのに…。

M1　虫って言っても色々あるからね。蝶々も虫だし。虫の色や模様が派手な理由知ってる？あれって危険をアピールしてるらしいよ。蜂がそのいい例だね。

F　へえ〜、知らなかった。そういうのも面白そうだね。

M2　蜂で思い出したんだけど、蘭の仲間で花の一部が雄の蜂にそっくりな花があるんだ。雌の蜂に花粉を運ばせるためにそういう形になったって言われてるんだって。

F　そういうのって、授業でも習わないから私たちはそういうのに絞って発表するのがいいんじゃない？みんなに興味持ってもらえそうだし。

M1　うん、そうだね。日本だけじゃ面白くないから世界にも目を向けて探して見よっか。

M2　そうだね。その中から特に面白そうなやつを3つくらい選んで発表しよう。

三人は何について発表することにしましたか。

1　虫の色や模様が派手な理由について
2　日本固有の虫について
3　虫を騙す植物について
4　虫の子孫の残し方について

2番

電話で客と店員が話しています。

F　もしもし。先週そちらで電子レンジを買った前田ですが、電子レンジの調子がよくなくて…。故障してるんじゃないかと思うんですが…。

M　はい、前田様ですね。電子レンジの故障ですか。どのような故障でしょうか。

F　電子レンジに食品を入れてもきちんと温まらないんです。ちゃんと電源はついてるんですが…。それで修理をお願いしたいんです。

M　承知しました。では、こちらで製品の状態を確認いたします。お客様の使い方が原因での故障だと、有料の修理になりますが、状態によっては、先週ご購入されたばかりということなので、無料で新品に交換ということになるかもしれません。

F　へえ、そうなんですね。じゃ、確認はどんなふうにしてもらえるんですか。すぐにしてもらえるものなんでしょうか。

M　はい、商品をお買い上げいただいた店舗に持ってきていただいた場合は、その日のうちに確認できます。ですが、もしお忙しいようであれば、業者がご自宅まで伺います。ですが、そうなると、一週間ほどお時間をいただくことになります。

F　わかりました。まあ、電子レンジがなくてもオーブンがあるので、そんなに困らないし。運ぶのも大変そうなので、来てもらうことにします。

M　かしこまりました。では、前田様のご都合のいい日をお教えください。

F　そうですね…。21日がいいです。

M　21日ですね。では、時間については担当者から今日中にご確認のお電話を差し上げます。

F　わかりました。

女の人はこの後何をしますか。

1　お店に電子レンジを持って行く
2　お店で新しい電子レンジと交換してもらう
3　家で電子レンジの状態を確認してもらう
4　家に新しい電子レンジを持ってきてもらう

3番

まず話を聞いてください。それから、二つの質問を聞いて、それぞれ問題用紙の1から4の中から、最もよいものを一つ選んでください。

通信販売の番組を見ながら夫婦が話しています。

F1　今日は皆さんも気になっている健康補助食品、サプリメントのご紹介です。商品ナンバー1、マルチビタミン。健康のために何種類ものサプリメントを摂る方がいらっしゃいますが、これは一粒でビタミンA、B、C、Dの4種類のビタミンをとることができます。商品ナンバー2タウリン。主に栄養ドリンクなどに含まれる成分ですが、肝臓にも効果があるので、お酒が好きな方にお勧めです。商品ナンバー3、鉄分。女性に不可欠な鉄分ですが、このサプリメントは一粒にほうれん草100グラム分の鉄分が入っています。商品ナンバー4、コラーゲン。これも女性にうれしい成分ですよね。寒い冬、コラーゲンが不足すると皮膚が乾燥してしまいます。皮膚トラブルでお悩みの方にお勧めです。今日は特別に、全商品980円でお届けします。この機会にぜひお求めください。

F2 サプリメントがこの量で９８０円はお得じゃない？私最近、肌が乾燥でカサカサして困ってるの。あのサプリメント注文しようかしら？

M へえ〜、でも、肌のためだったら薬に頼るより、鶏肉とか食品で摂った方がいいらしいよ。それより、貧血で病院のお医者さんからほうれん草食べなさいって言われたんだろ？だったら、あっちの方がいいんじゃない？

F2 そうね。私、野菜嫌いだから、ほうれん草も食べられないし。

M そうだよ。じゃ、僕はビタミンがいいかな。家にあるのはビタミンＤだけだし。

F2 え、家にあるビタミンＤと一緒に飲むの？ビタミンをとり過ぎると副作用があるからやめた方がいいわよ。

M え、そうなの？知らなかったなあ。飲めば飲むほど効果があるんだとばかり思っていたよ。

F2 あなた、昨日も二日酔いだったでしょ？どうせ買うなら、あっちの方がいいわよ。

M そうだね。そうするよ。

質問１
女の人は何を注文しますか。

質問２
男の人は何を注文しますか。

N2｜第1回　模擬テスト　言語知識(文字・語彙・文法)・読解　解答用紙

受験番号　Examinee Registration Number

名前　Name

問題 1

1	①	②	③	④
2	①	②	③	④
3	①	②	③	④
4	①	②	③	④
5	①	②	③	④

問題 2

6	①	②	③	④
7	①	②	③	④
8	①	②	③	④
9	①	②	③	④
10	①	②	③	④

問題 3

11	①	②	③	④
12	①	②	③	④
13	①	②	③	④

問題 4

14	①	②	③	④
15	①	②	③	④
16	①	②	③	④
17	①	②	③	④
18	①	②	③	④
19	①	②	③	④
20	①	②	③	④

問題 5

21	①	②	③	④
22	①	②	③	④
23	①	②	③	④
24	①	②	③	④
25	①	②	③	④

問題 6

26	①	②	③	④
27	①	②	③	④
28	①	②	③	④
29	①	②	③	④
30	①	②	③	④

問題 7

31	①	②	③	④
32	①	②	③	④
33	①	②	③	④
34	①	②	③	④
35	①	②	③	④
36	①	②	③	④
37	①	②	③	④
38	①	②	③	④
39	①	②	③	④
40	①	②	③	④
41	①	②	③	④
42	①	②	③	④

問題 8

43	①	②	③	④
44	①	②	③	④
45	①	②	③	④
46	①	②	③	④
47	①	②	③	④

問題 9

48	①	②	③	④
49	①	②	③	④
50	①	②	③	④
51	①	②	③	④
52	①	②	③	④

問題 10

53	①	②	③	④
54	①	②	③	④
55	①	②	③	④
56	①	②	③	④
57	①	②	③	④

問題 11

58	①	②	③	④
59	①	②	③	④
60	①	②	③	④
61	①	②	③	④
62	①	②	③	④
63	①	②	③	④
64	①	②	③	④
65	①	②	③	④
66	①	②	③	④

問題 12

67	①	②	③	④
68	①	②	③	④

問題 13

69	①	②	③	④
70	①	②	③	④
71	①	②	③	④

問題 14

72	①	②	③	④
73	①	②	③	④

受験番号
Examinee Registration
Number

名前
Name

< ちゅうい Notes >

1. くろいえんぴつ（HB、No.2）で
かいてください。
Use a black medium soft
(HB or No.2) pencil.

2. かきなおすときは、けしゴムで
きれいにけしてください。
Erase any unintended marks
completely.

3. きたなくしたり、おったりしないで
ください。
Do not soil or bend this sheet.

4. マークれい Marking examples

よい Correct	わるい Incorrect
●	⊗ ◌ ◯ ⊕ ◐

問題 1

例	①	②	③	●
1	①	②	③	④
2	①	②	③	④
3	①	②	③	④
4	①	②	③	④
5	①	②	③	④

問題 2

例	①	●	③	④
1	①	②	③	④
2	①	②	③	④
3	①	②	③	④
4	①	②	③	④
5	①	②	③	④
6	①	②	③	④

問題 3

例	①	②	③	●
1	①	②	③	④
2	①	②	③	④
3	①	②	③	④
4	①	②	③	④
5	①	②	③	④

問題 4

例	●	②	③
1	①	②	③
2	①	②	③
3	①	②	③
4	①	②	③
5	①	②	③
6	①	②	③
7	①	②	③
8	①	②	③
9	①	②	③
10	①	②	③
11	①	②	③

問題 5

1	①	②	③	④
2	①	②	③	④
3 (1)	①	②	③	④
(2)	①	②	③	④

N2｜第2回　模擬テスト　言語知識(文字・語彙・文法)・読解　解答用紙

受験番号
Examinee Registration Number

名前
Name

問題 1

	1	2	3	4
1	①	②	③	④
2	①	②	③	④
3	①	②	③	④
4	①	②	③	④
5	①	②	③	④

問題 2

	1	2	3	4
6	①	②	③	④
7	①	②	③	④
8	①	②	③	④
9	①	②	③	④
10	①	②	③	④

問題 3

	1	2	3	4
11	①	②	③	④
12	①	②	③	④
13	①	②	③	④

問題 3

	1	2	3	4
14	①	②	③	④
15	①	②	③	④
16	①	②	③	④
17	①	②	③	④
18	①	②	③	④
19	①	②	③	④
20	①	②	③	④

問題 5

	1	2	3	4
21	①	②	③	④
22	①	②	③	④
23	①	②	③	④
24	①	②	③	④
25	①	②	③	④

問題 6

	1	2	3	4
26	①	②	③	④
27	①	②	③	④
28	①	②	③	④
29	①	②	③	④
30	①	②	③	④

問題 7

	1	2	3	4
31	①	②	③	④
32	①	②	③	④
33	①	②	③	④
34	①	②	③	④
35	①	②	③	④
36	①	②	③	④
37	①	②	③	④
38	①	②	③	④
39	①	②	③	④
40	①	②	③	④
41	①	②	③	④
42	①	②	③	④

問題 8

	1	2	3	4
43	①	②	③	④
44	①	②	③	④
45	①	②	③	④
46	①	②	③	④
47	①	②	③	④

問題 9

	1	2	3	4
48	①	②	③	④
49	①	②	③	④
50	①	②	③	④
51	①	②	③	④
52	①	②	③	④

問題 10

	1	2	3	4
53	①	②	③	④
54	①	②	③	④
55	①	②	③	④
56	①	②	③	④
57	①	②	③	④

問題 11

	1	2	3	4
58	①	②	③	④
59	①	②	③	④
60	①	②	③	④
61	①	②	③	④
62	①	②	③	④
63	①	②	③	④
64	①	②	③	④
65	①	②	③	④
66	①	②	③	④

問題 12

	1	2	3	4
67	①	②	③	④
68	①	②	③	④

問題 13

	1	2	3	4
69	①	②	③	④
70	①	②	③	④
71	①	②	③	④

問題 14

	1	2	3	4
72	①	②	③	④
73	①	②	③	④

名前
Name

受験番号
Examinee Registration
Number

<ちゅうい Notes >

1. くろいえんぴつ（HB、No.2）で
かいてください。
Use a black medium soft
(HB or No.2) pencil.

2. かきなおすときは、けしゴムで
きれいにけしてください。
Erase any unintended marks
completely.

3. きたなくしたり、おったりしないで
ください。
Do not soil or bend this sheet.

4. マークれい Marking examples

よい Correct	わるい Incorrect
●	⊗ ⊘ ○ ◑ ◓

問題 1

例	①	②	③	●
1	①	②	③	④
2	①	②	③	④
3	①	②	③	④
4	①	②	③	④
5	①	②	③	④

問題 2

例	①	●	③	④
1	①	②	③	④
2	①	②	③	④
3	①	②	③	④
4	①	②	③	④
5	①	②	③	④
6	①	②	③	④

問題 3

例	①	②	③	●
1	①	②	③	④
2	①	②	③	④
3	①	②	③	④
4	①	②	③	④
5	①	②	③	④

問題 4

例	①	●	③
1	①	②	③
2	①	②	③
3	①	②	③
4	①	②	③
5	①	②	③
6	①	②	③
7	①	②	③
8	①	②	③
9	①	②	③
10	①	②	③
11	①	②	③

問題 5

1	①	②	③	④
2	①	②	③	④
3 (1)	①	②	③	④
(2)	①	②	③	④

N2 | 第3回 模擬テスト　言語知識(文字・語彙・文法)・読解　解答用紙

受験番号
Examinee Registration Number

名前
Name

< ちゅうい　Notes >

1. くろいえんぴつ (HB、No.2) で かいてください。
Use a black medium soft (HB or No.2) pencil.

2. かきなおすときは、けしゴムで きれいにけしてください。
Erase any unintended marks completely.

3. きたなくしたり、おったりしないで ください。
Do not soil or bend this sheet.

4. マークれい　Marking examples

よい Correct	わるい Incorrect
●	⊗ ○ ◌ ⦻ ⊖ ◑

問題 1

1	①	②	③	④
2	①	②	③	④
3	①	②	③	④
4	①	②	③	④
5	①	②	③	④

問題 2

6	①	②	③	④
7	①	②	③	④
8	①	②	③	④
9	①	②	③	④
10	①	②	③	④

問題 3

11	①	②	③	④
12	①	②	③	④
13	①	②	③	④

問題 3

14	①	②	③	④
15	①	②	③	④
16	①	②	③	④
17	①	②	③	④
18	①	②	③	④
19	①	②	③	④
20	①	②	③	④

問題 5

21	①	②	③	④
22	①	②	③	④
23	①	②	③	④
24	①	②	③	④
25	①	②	③	④

問題 6

26	①	②	③	④
27	①	②	③	④
28	①	②	③	④
29	①	②	③	④
30	①	②	③	④

問題 7

31	①	②	③	④
32	①	②	③	④
33	①	②	③	④
34	①	②	③	④
35	①	②	③	④
36	①	②	③	④
37	①	②	③	④
38	①	②	③	④
39	①	②	③	④
40	①	②	③	④
41	①	②	③	④
42	①	②	③	④

問題 8

43	①	②	③	④
44	①	②	③	④
45	①	②	③	④
46	①	②	③	④
47	①	②	③	④

問題 9

48	①	②	③	④
49	①	②	③	④
50	①	②	③	④
51	①	②	③	④
52	①	②	③	④

問題 10

53	①	②	③	④
54	①	②	③	④
55	①	②	③	④
56	①	②	③	④
57	①	②	③	④

問題 11

58	①	②	③	④
59	①	②	③	④
60	①	②	③	④
61	①	②	③	④
62	①	②	③	④
63	①	②	③	④
64	①	②	③	④
65	①	②	③	④
66	①	②	③	④

問題 12

| 67 | ① | ② | ③ | ④ |
| 68 | ① | ② | ③ | ④ |

問題 13

69	①	②	③	④
70	①	②	③	④
71	①	②	③	④

問題 14

| 72 | ① | ② | ③ | ④ |
| 73 | ① | ② | ③ | ④ |

N2｜第3回 模擬テスト 聴解 解答用紙

受験番号
Examinee Registration
Number

名前
Name

<ちゅうい Notes >

1. くろいえんぴつ（HB、No.2）で
かいてください。
Use a black medium soft
(HB or No.2) pencil.

2. かきなおすときは、けしゴムで
きれいにけしてください。
Erase any unintended marks
completely.

3. きたなくしたり、おったりしないで
ください。
Do not soil or bend this sheet.

4. マークれい Marking examples

よい Correct	わるい Incorrect
●	⊘ ○ ○ ◑ ⊙

問題 1

例	①	②	③	●
1	①	②	③	④
2	①	②	③	④
3	①	②	③	④
4	①	②	③	④
5	①	②	③	④

問題 2

例	①	●	③	④
1	①	②	③	④
2	①	②	③	④
3	①	②	③	④
4	①	②	③	④
5	①	②	③	④
6	①	②	③	④

問題 3

例	①	②	③	●
1	①	②	③	④
2	①	②	③	④
3	①	②	③	④
4	①	②	③	④
5	①	②	③	④

問題 4

例	●	②	③
1	①	②	③
2	①	②	③
3	①	②	③
4	①	②	③
5	①	②	③
6	①	②	③
7	①	②	③
8	①	②	③
9	①	②	③
10	①	②	③
11	①	②	③

問題 5

1	①	②	③	④
2	①	②	③	④
3 (1)	①	②	③	④
(2)	①	②	③	④

N2 | 第4回 模擬テスト 言語知識(文字・語彙・文法)・読解 解答用紙

受験番号
Examinee Registration Number

名前
Name

問題 1

1	①	②	③	④
2	①	②	③	④
3	①	②	③	④
4	①	②	③	④
5	①	②	③	④

問題 2

6	①	②	③	④
7	①	②	③	④
8	①	②	③	④
9	①	②	③	④
10	①	②	③	④

問題 3

11	①	②	③	④
12	①	②	③	④
13	①	②	③	④

問題 3

14	①	②	③	④
15	①	②	③	④
16	①	②	③	④
17	①	②	③	④
18	①	②	③	④
19	①	②	③	④
20	①	②	③	④

問題 5

21	①	②	③	④
22	①	②	③	④
23	①	②	③	④
24	①	②	③	④
25	①	②	③	④

問題 6

26	①	②	③	④
27	①	②	③	④
28	①	②	③	④
29	①	②	③	④
30	①	②	③	④

問題 7

31	①	②	③	④
32	①	②	③	④
33	①	②	③	④
34	①	②	③	④
35	①	②	③	④
36	①	②	③	④
37	①	②	③	④
38	①	②	③	④
39	①	②	③	④
40	①	②	③	④
41	①	②	③	④
42	①	②	③	④

問題 8

43	①	②	③	④
44	①	②	③	④
45	①	②	③	④
46	①	②	③	④
47	①	②	③	④

問題 9

48	①	②	③	④
49	①	②	③	④
50	①	②	③	④
51	①	②	③	④
52	①	②	③	④

問題 10

53	①	②	③	④
54	①	②	③	④
55	①	②	③	④
56	①	②	③	④
57	①	②	③	④

問題 11

58	①	②	③	④
59	①	②	③	④
60	①	②	③	④
61	①	②	③	④
62	①	②	③	④
63	①	②	③	④
64	①	②	③	④
65	①	②	③	④
66	①	②	③	④

問題 12

67	①	②	③	④
68	①	②	③	④

問題 13

69	①	②	③	④
70	①	②	③	④
71	①	②	③	④

問題 14

72	①	②	③	④
73	①	②	③	④

✂

N2 第4回 模擬テスト 聴解 解答用紙

受験番号
Examinee Registration
Number

名前
Name

問題 1

例	①	②	③	●
1	①	②	③	④
2	①	②	③	④
3	①	②	③	④
4	①	②	③	④
5	①	②	③	④

問題 2

例	①	●	③	④
1	①	②	③	④
2	①	②	③	④
3	①	②	③	④
4	①	②	③	④
5	①	②	③	④
6	①	②	③	④

問題 3

例	①	②	③	●
1	①	②	③	④
2	①	②	③	④
3	①	②	③	④
4	①	②	③	④
5	①	②	③	④

問題 4

例	①	●	③
1	①	②	③
2	①	②	③
3	①	②	③
4	①	②	③
5	①	②	③
6	①	②	③
7	①	②	③
8	①	②	③
9	①	②	③
10	①	②	③
11	①	②	③

問題 5

1	①	②	③	④
2	①	②	③	④
3	(1)	①	②	③	④
	(2)	①	②	③	④

受　験　番　号
Examinee Registration Number

名　前
Name

< ちゅうい　Notes >

1. くろいえんぴつ (HB、No.2) で かいてください。
Use a black medium soft (HB or No.2) pencil.
2. かきなおすときは、けしゴムで きれいにけしてください。
Erase any unintended marks completely.
3. きたなくしたり、おったりしないで ください。
Do not soil or bend this sheet.
4. マークれい　Marking examples

よい Correct	わるい Incorrect
●	⊘ ◌ ⊘ ⊖ ⊙

問題 1

	①	②	③	④
1	①	②	③	④
2	①	②	③	④
3	①	②	③	④
4	①	②	③	④
5	①	②	③	④

問題 2

6	①	②	③	④
7	①	②	③	④
8	①	②	③	④
9	①	②	③	④
10	①	②	③	④

問題 3

11	①	②	③	④
12	①	②	③	④
13	①	②	③	④

問題 3

14	①	②	③	④
15	①	②	③	④
16	①	②	③	④
17	①	②	③	④
18	①	②	③	④
19	①	②	③	④
20	①	②	③	④

問題 5

21	①	②	③	④
22	①	②	③	④
23	①	②	③	④
24	①	②	③	④
25	①	②	③	④

問題 6

26	①	②	③	④
27	①	②	③	④
28	①	②	③	④
29	①	②	③	④
30	①	②	③	④

問題 7

31	①	②	③	④
32	①	②	③	④
33	①	②	③	④
34	①	②	③	④
35	①	②	③	④
36	①	②	③	④
37	①	②	③	④
38	①	②	③	④
39	①	②	③	④
40	①	②	③	④
41	①	②	③	④
42	①	②	③	④

問題 8

43	①	②	③	④
44	①	②	③	④
45	①	②	③	④
46	①	②	③	④
47	①	②	③	④

問題 9

48	①	②	③	④
49	①	②	③	④
50	①	②	③	④
51	①	②	③	④
52	①	②	③	④

問題 10

53	①	②	③	④
54	①	②	③	④
55	①	②	③	④
56	①	②	③	④
57	①	②	③	④

問題 11

58	①	②	③	④
59	①	②	③	④
60	①	②	③	④
61	①	②	③	④
62	①	②	③	④
63	①	②	③	④
64	①	②	③	④
65	①	②	③	④
66	①	②	③	④

問題 12

67	①	②	③	④
68	①	②	③	④

問題 13

69	①	②	③	④
70	①	②	③	④
71	①	②	③	④

問題 14

72	①	②	③	④
73	①	②	③	④

✂

受験番号
Examinee Registration
Number

名前
Name

< ちゅうい Notes >

1. くろいえんぴつ（HB、No.2）で
かいてください。
Use a black medium soft
(HB or No.2) pencil.

2. かきなおすときは、けしゴムで
きれいにけしてください。
Erase any unintended marks
completely.

3. きたなくしたり、おったりしないで
ください。
Do not soil or bend this sheet.

4. マークれい　Marking examples

よい Correct	わるい Incorrect
●	⊘ ○ ○ ◐ ◑

問題1

例	①	②	③	●
1	①	②	③	④
2	①	②	③	④
3	①	②	③	④
4	①	②	③	④
5	①	②	③	④

問題2

例	①	●	③	④
1	①	②	③	④
2	①	②	③	④
3	①	②	③	④
4	①	②	③	④
5	①	②	③	④
6	①	②	③	④

問題3

例	①	②	③	●
1	①	②	③	④
2	①	②	③	④
3	①	②	③	④
4	①	②	③	④
5	①	②	③	④

問題4

例	①	●	③
1	①	②	③
2	①	②	③
3	①	②	③
4	①	②	③
5	①	②	③
6	①	②	③
7	①	②	③
8	①	②	③
9	①	②	③
10	①	②	③
11	①	②	③

問題5

1	①	②	③	④
2	①	②	③	④
3	(1)	①	②	③	④
	(2)	①	②	③	④